# 구약 성서

The Old Testament

# 세계의 교양을 읽는다

고전을 왜 읽는가?

인간의 삶과 세상에 대한 영원한 물음이 있기 때문이다. 시대와 사상을 뛰어넘어 지금 여기 우리에게 필요한 물음이 없는 고전은 더이상 고전이 아니다. 인간과 삶에 대한 근원적인 물음 없이 고전을 읽는다면 자신과 인간에 대한 성찰과 지혜로 이어지지 않는다. 논술 시험 때문에, 과제물 때문에, 아니면 남들이 읽으니까, 나도 읽는다는 식이라면 그 책은 죽은 책일 수밖에 없다.

고전을 살아 있는 책으로 만드는 이 '물음!'에 답하기 위해서는 좋은 길잡이가 필요하다. 40년 이상 미국의 고교생과 대학 주니어들이 시험, 에세이 작성, 심층토론 준비를 위해 바이블처럼 애용해온 'CliffsNotes'와 'SPARKNOTES'는 바로 그런 좋은 길잡이의 표본이다. 이 두 시리즈가 원조 논술연구모임인 '일이관지(一以貫之)' 팀의 촌철살인적 해설을 곁들여 〈다락원 논술노트〉로 재탄생해 논술로 고민중인 대한민국 학생 여러분을 찾아간다.

CliffsNotes와 SPARKNOTES의 가장 큰 장점은 방대하고 난해한 고전을 Chapter별로 요약하고 분석해서 원전의 내용에 보다 쉽고 체계적으로 접근하는 신속·간편성이라고 할 수 있다. 여기에 '一以貫之'팀이 원전의 중요한 문제의식, 즉 근원적 '물음'은 무엇이며, 그 '물음'은 오늘날에도 여전히 유효한가, 라는 질문을 다시 던진다.

대입논술로 고민하고, 자칭 타칭의 고전이 넘쳐나는 오늘의 독서풍토에서 지적 정복이 긴박한 대한민국 학생들에게 감히 이 시리즈를 자신 있게 권한다.

一以貫之 논술연구모임 연구실장 이호곤

CliffsNotes와 SPARKNOTES는 방대한 원작을 보다 쉽게 이해할 수 있도록 돕는 안내서입니다. 원작 이해를 돕기 위해 작가와 작품에 대한 배경지식, 그리고 매 장마다 간단한 '줄거리'와 '풀어보기'가 실려 있습니다. '줄거리'를 통해서는 원작의 내용을 명쾌하게 파악함으로써 독서의 즐거움을 느낄 수 있을 것입니다. '풀어보기'에는 원작에 담긴 문학적 경향, 등장인물의 심리상태, 시대상, 주제 등을 설명해 놓았습니다. 비판적 글읽기의 바탕이 되는 요소들이죠. 비판적 글읽기는 소설과 비소설 작품을 막론하고 책을 읽을 때 꼭 필요한 자질입니다.

그 밖에도 작품을 좀더 심오하게 분석할 수 있도록 '마무리 노트', 'Review' 등을 마련해 놓아 독자 여러분의 글읽기를 돕고 있습니다.

* 〈   〉는 장편소설, 중편소설, 논픽션, 시집. "   "는 수필집, 단편소설

## ○ 일이관지(一以貫之) 논술 노트

권말에는 一以貫之 논술팀에서 작성한 논술 노트가 실려 있습니다. 원작을 우리의 삶과 연계시켜 비판적 사고와 논리적 글쓰기의 방향을 제시합니다.

## ○ 실전 연습문제

실전 연습문제를 통해서는 원작을 바탕으로 출제 가능성이 높은 논점을 함께 숙고해 봅니다.

# 구약 노트

# 구약이란?

　　흔히 구약을 한 권의 책이라고 생각하지만 사실은 오랜 기간에 걸쳐 여러 사람이 쓴 여러 권의 책을 선별해서 모은 것이다. 이 글들은 동일한 목적으로 쓰여진 것이 아니며, 작성될 당시에 중요성이 동일하게 평가된 것도 아니었다. 그 문건들은 하나의 엮음집으로 나와 성서로서의 지위를 가지기 훨씬 이전부터 존재했다. 기원전 5, 6세기 이전까지는 구약의 어느 문건도 오늘날 우리가 보는 형태로 정돈되지 않았다.

　　구약의 중요성은 우선 그것이 세계 3대 종교 경전 중 하나로 간주되고 있다는 사실에서 나타난다. 구약은 유대교 경전으로서, 신약과 함께 기독교 경전에 포함되어 있으며, 마호메트의 제자들도 코란과 더불어 그 가르침을 받아들이고 있다. 그러나 구약의 영향력은 이들 3대 종교의 신자들에게 국한되는 것이 아니다. 이것은 세계 여러 나라의 문화에 스며들어 서구 역사에서 도덕적·정치적 이상의 중요한 근원이 되었다. 민주주의, 개인의 가치, 여러 형태의 자유, 인권, 세상에서의 신의 목적, 인간의 운명 — 이 모든 것들의 기원을 부분적으로는 구약에서 찾아볼 수 있다. 이 책은 유럽과 미국의 문학에도 커다란 영향을 끼쳤다. 영미 문학에서는 구약의 구절들이 너무 많이 암시되고 있기 때문에 구약에 친숙해지지 않고서는 제대로 읽을 수가 없을 정도다.

구약의 문건들을 이해하려면 그것이 고대 유대인들의 종교적 삶을 나타내는 표현이란 사실을 염두에 두어야 한다. 현대의 과학자나 역사가들은 일어난 사건을 정확히 기록하는 것이 주요 목적이다. 그들은 신적인 존재의 활동은 긍정도 부정도 하지 않는다. 그러나 이런 수동적인 자세는, 신의 존재를 인정하고 모든 인간사에 신이 어떤 목적을 가지고 개입한다는 가정 하에서 출발하는 구약의 저자들에게는 맞지 않는다. 그들은 역사적인 과정에 개입되는 신적인 요소들을 그들이 본대로 기술한다는 특정한 목적을 가지고 글을 썼다. 이런 점에서 구약의 진정한 가치가 이해되어야 하며, 구약에 기술된 사건의 가치를 오직 과학이나 역사적인 바탕에서 평가하려는 것은 잘못이다. 이 저작물의 위대함은 다른 곳에 있다. 즉, 역사 속에서 신적인 요소의 현시(顯示), 그리고 여기에서 도출되는 도덕적·종교적인 교훈들이 그것이다.

성서를 신의 계시라고 믿는 것은 오랜 전통이었다. 계시는 '열어서 보여준다'는 의미다. 인간은 스스로 신적인 일들을 깨닫지 못하기 때문에 신이 계시해 주어야만 그것들을 깨달을 수 있다는 것이다. 신의 계시가 아무리 완벽하다고 해도 그것을 이해하는 인간은 한계가 있을 수밖에 없어 잘못될 가능성을 배제할 수 없다. 이는 신의 지혜를 인간이 전혀 받아들일 수 없다는 것이 아니라 그 지혜를 받아들이는 인간의 이해에 한계가 있다는 점을 고려해야 한다는 의미다.

## 역사적 배경

구약을 이해하려면 이것을 기록한 사람들의 역사를 잘 알아야 한다. 유대교는 역사적인 종교다. 구약 사상은 유대인들이 살고 있던 지역에서 구약이 기록되던 수세기 동안 구체적인 사건들을 통해 형성되었다.

구약은 천지창조로부터 시작하는 것이 사실이지만, 창조라든가 에덴동산, 타락, 대홍수, 그리고 창세기에 나오는 다른 많은 사건들은 전 세계의 역사를 정확하게 설명하려는 목적으로 쓰여진 것은 아니다. 이 문건들 중 어느 하나도 기원전 9세기에 유대인들이 요단강 서쪽의 가나안에 정착하기 전까지는 쓰여지지 않았다. 분명한 것은 창세기 앞부분에 나오는 이야기들과 이집트에서 탈출하기 이전부터 살았던 것으로 추정되는 이스라엘 조상들의 활동과 관련된 이야기가 그것을 직접 목격한 사람들에 의해 쓰여지지 않았다는 사실이다. 사람들이 그 사건들을 자기 민족의 역사와 연결시켜 마침내 기록으로 남기기 전까지는 그 사건을 기록하거나 의미를 부여하려는 시도를 아무도 하지 않았다. 이 기록물이 나오면서 그 해석에는 필연적으로 그것이 쓰여진 관점에서 바라보는 시각이 필요하게 된 것이다.

유대인들은 기원전 2000년경에 이집트로 옮겨가 3, 4백 년 동안 살았다. 처음에는 이들이 이집트인들로부터 환영을 받았을 것이다. 유대인 지역이 성장하고 번창했기 때문이다. 그러나 그들의 숫자가 늘어나자 이집트인들은 자신들의 안전에 위협이 되지 않을까 경계했다. 이집트 왕은 유대인들의 진출로부터 자국민을 보호하기 위해 새로운 이주자들에게 노예의 조건을 강요하는 등, 가혹한 조치를 시행하기에 이르렀다. 이 시기를 구약에서는 노예의 시대로 언급하고 있다. 이 기간 동안의 압제와 관련하여 우리는 처음으로 모세와 자기 민족을 구출하게 되는 모세의 역할에 대해 배우게 된다. 그의 안내와 지도력으로 유대인들은 이집트를 탈출하여(이 사건을 ‘출애굽’이라고 한다) 새로운 땅으로 가서 보금자리를 이루게 된다.

대략 기원전 1250년경에 이루어진 이집트 탈출은 유대인의 역사에 새로운 전기를 마련했으며, 비로소 하나의 독립된 나라를 이루게 되었다. 이것이 신(야훼)이 그들에게 얼마나 자비를 베풀어주었는지에 대해 후세의 예언자와 스승들이 언급하는 사건이다. 이집트 탈출 다음으로는 광야에서 방황하는 시기가 있었고, 그 이후에 다양한 부족들이 가나안 땅에 이스라엘을 세웠다.

이집트에서 나온 후 가나안 땅에 들어가기 전까지 유대인들은 광야에서 40년 동안 방랑했다고 한다. 가나안 정착은 두 개의 크게 서로 다른 이야기로 설명되고 있다. 우리가 쉽게 받아들일 수 있는 것은 새로운 정착민들이 온전한 소유권을 얻기까지는 상당히 여러 해가 걸렸으리라는 사실이다. 이 기간 동안 여러 부족들이 하나의 연합으로 결속하고, 통치를 위해 사사(士師)가 임명되었을 것이다. 적어도 이론상으로는 이 사사들은 야훼가 다스리며 그들과 직접 의사소통을 했다.

이 신정(神政) 국가는 백성들이 왕을 요구하면서 종말을 고했고, 사울이 새로 형성된 군주국의 왕이 되었다. 그의 뒤를 이어 다윗, 그 다음에 솔로몬이 통일 왕국의 왕이 되었다. 솔로몬이 죽자 왕국은 분열되었다. 10개의 지파들이 반란을 일으켜 소위 북왕조, 즉 이스라엘 나라를 세웠다. 10개 지파 가운데 에브라임 지파가 가장 수가 많았고 영향력이 강했기 때문에 새로 결성된 정부는 흔히 에브라임 왕국으로 불린다. 반란에 가담하지 않은 두 부족은 남왕조 혹은 유대 왕국으로 불린다.

분열된 두 왕국은 북부 왕국이 앗수르 제국에 의해 멸망하는 기원전 722년까지 존속되었다. 사람들은 포로로 잡혀갔고 그들 나라는 멸망했다. 남부 왕국은 기원전 586년까지 존속하다가 바벨론에 의해 멸망했다. 그리하여 유대인 대다수가 유배생활을 하지 않으면 안 되었다. 바벨론으로 추방된 사람들은 1세기 이상 지난 후 조국으로 돌아가도 좋다는 허락이 떨어져 마침내 돌아오게 된다. 유대인들은 예루살렘을 재건하고, 성전을 복구하여 예배를 다시 드리고 유배지에서 선지자와 제사장들이 그려준 대로 나라를 만들었다. 그러나 이렇게 회복된 나라에서 기대했던 평화와 번영은 찾아볼 수 없었다.

기근과 역병이 번졌고 주변 국가들로부터의 침략 위협도 끊이지 않았다.

이 기간 동안 유대 역사에서 일어났던 몇몇 중요한 사건과 성과를 짧게 요약하면 다음과 같다.


## ●선사 시대

유대인들의 이야기와 전설에 의하면 이 시기는 문화적 전통에서 핵심적인 시기다. 유대인 조상들에 대한 이야기는 후세대들로 하여금 과거의 위대한 전통을 계승할 수 있도록 해주었다. 유대인들이 역사를 기록하는 일은 이집트 탈출에서부터 시작되기 때문에 그 이전에 일어난 사건은 후세대들이 일어났을 것으로 믿은 기록이 된다.

유대의 역사는 아브라함에게까지 거슬러 올라간다. 기록에 의하면 그는 갈대아 우르에서 부름을 받아 온 사람으로, 그의 자손들이 위대한 나라를 이루어 가나안을 상속하리라는 약속이 주어진 사람이었다. 아브라함과 그의 아내 사라가 늙고 자식도 없어 그 약속은 이루어질 수 없는 것처럼 보였다. 그러나 야훼의 힘으로 얼마 후 그들 부부에게는 이삭이 태어났다. 이삭의 두 아들 에서와 야곱은 각각 에돔과 이스라엘의 조상이 된다. 야곱의 열두 아들은 이스라엘 열두 지파의 조상이 된다. 가나안에 심한 기근이 들자 야곱의 아들들은 식량을 구하러 이집트로 간다. 그 이전에 노예로 팔려갔던 아들 중 하나인 요셉은 이집트 정부의 높은 관리가 되어 있었다. 그가 곡물 공급권을 가지고 있었기에 식량을 구하러 간 그의 형제들은 그와 거래를 하지 않을 수 없었다. 그는 형제들에게 한동안 자신의 정체를 숨겼으나 마침내 이를 알린다. 이 만남의 결과로 야곱과 그의 아들들 모두와 그 가족들은 이집트로 이주하게 되었으며, 고센 지역에 평화롭게 정착할 수 있었다. 그들은 바로*가 박해를 가하기 전까지 이집트에 남아 있었다.


## ●광야 여행

이집트 탈출 이후 광야 여행은 밀접하게 관련된 두 개의 사건으로 기록된다. 시내산에서 모세가 야훼로부터 받은 율법 계명의 선포와 야훼와 이스라엘 사람들 사이의 계약이 그것이다. 계약의 핵심은 율법의 기초가 되는 것으로 야훼가 내리고 이스라엘 백성이 복종에 동의한 것이다. 그 계약에서 야훼의 몫은 백성을 보호하고 필요한 것을 제공해 주며 적으로부터 그들을 보호한다는 것이다.

야훼와 백성 사이의 이 계약관계는 구약 전체를 통해서 가장 중요한 사상으로, 야훼와 다른 주변의 신들을 구분하는

---

* **바로**(Pharaoh): 성경에서 이집트(애굽) 왕들을 가리키는 단어.

역할을 한다. 일반적으로 다른 신들은 백성들과 계약이나 어떤 도덕적인 형태로 묶여 있지 않다. 결국 그 신들은 백성들의 도덕적인 해이를 이유로 자기 백성들에게 등을 돌릴 수 없다. 그러나 야훼와 유대인과의 관계는 서로가 계약을 어기지 않는다는 조건 하에서만 효력을 갖는다. 만약 그가 내린 율법을 그들이 어겼을 때에는 그는 더 이상 그들을 보호할 의무가 없으며 그들을 자신의 백성이라고 할 의무도 없다.

야훼와 유대인들 간의 계약이 담긴 율법의 내용은 율법서로 알려진 출애굽기 20:23-23:19에 기록되어 있다. 20장에 나오는 첫 17개의 시로 쓰여진 그 유명한 십계명은 분명 우리가 지금 보는 형태는 아니었을 테지만 모세에게 내린 율법에 포함되어 있었을 것이다. 유대교와 기독교에서 모세는 모세5경으로 알려진 구약 첫 5권의 저자로 오랜 세월 동안 유대인들에게 율법을 전해 준 위대한 입법자로 간주되어왔다.

## ●가나안 정착

가나안에 정착하기까지는 많은 시간이 필요했을 것이며, 또 유대인들의 일상생활도 생존을 위해 양치기 생활에서 농경생활로의 전환 등, 여러 중요한 변화를 겪었을 것이다. 이런 새로운 생활방식 때문에 여러 부족들 사이에서 다른 형태의 조직이 필요하게 되었고, 이것 때문에 세겜에서 대규모 집회가 열렸다. 모세의 후계자인 여호수아의 지휘 하에 여러 부족을 일종의 연합체로 만들기 위한 절차가 진행되었다. 다른 문화권에서 보는 안보동맹과 여러 면에서 비슷한 형태였다. 새로 결성된 공동체는 정치적이기보다는 종교적인 색채가 강했다. 이 공동체의 구성원들은 유대인들이 주류를 이루었지만 인종적으로 제한이 있는 것은 아니었다. 누구든 야훼를 믿거나 야훼가 내린 율법에 복종하겠다고 약속하면 공동체의 정식 회원이 될 수 있었다.

새로운 공동체 정부는 꿈이나 환상 혹은 다른 초자연적인 경험으로 직접 야훼의 계시를 받는 것으로 믿어지는 사사들이 다스렸다. 예를 들면, 드보라는 사사 중 한 명이었다. 그녀는 흩어져 있는 부족들에게 소집령을 내려 가나안 사람들로부터 공격당하는 자들을 돕게 했다. 그 명령은 야훼의 이름으로 보낸 것이며, 결정적인 순간에 야훼의 개입으로 이스라엘 사람들은 므깃도 평원 싸움에서 적을 이길 수 있었다. 3백 명의 전사들을 이끌고, 전투에서 큰 승리를 거둔 기드온 역시 이스라엘의 사사였다. 그가 승리하자 사람들은 그를 왕으로 삼고자 했다. 가장 중요한 이유는 주변 국가들의 공격에 대항할 수 있는 강력한 조직이 필요했기 때문이다. 기드온은 왕이 되기를 거부했다. 그러나 군주정부 형태에 대한 욕구는 그치지 않았으며, 마침내 마지막 사사였던 사무엘은 사울을 초대 이스라엘 왕으로 지명했다.

## ●통일 왕국

　　사울의 즉위로 시작된 이스라엘 통일 왕국은 다윗, 솔로몬까지 이어졌다. 사울은 능력 있는 군주이자 대부분의 시간을 블레셋과의 전쟁으로 보낸 유능한 군인이었다. 그의 군사적인 승리는 그에게 칭송과 찬사를 가져왔다.

　　재위 만년에 우울증에 빠졌는데, 그는 이를 야훼가 더 이상 자신과 소통하지 않는다는 의미로 받아들였다. 그는 선지자 사무엘로부터 아말렉과의 전쟁 수행방식에 대해 책망을 받았으며, 블레셋과의 전쟁중에 길보아 언덕에서 사망함으로써 그의 생애는 비극으로 끝나고 말았다.

　　다윗 왕의 통치기간은 이스라엘 역사에서 귀중한 시기다. 다윗은 후세 사람들에 의해 이스라엘의 가장 위대한 왕으로 추앙되었으며, 재위기간 동안의 불미스러운 일들에 대해서도 변명거리가 만들어졌다. 그는 예루살렘을 중심으로 남부와 북부 부족들을 성공적으로 통합하여 나라를 위해 많은 것들을 이룩한 위대한 왕이었다. 성전을 지으려던 그의 계획은 아들 솔로몬이 왕위를 계승하면서 추진되었다.

　　솔로몬 역시 아버지처럼 우상화되었으나, 다윗과는 방식이 달랐다. 솔로몬의 가장 위대한 업적은 예루살렘에 성전을 세운 것이었다. 이스라엘의 힘과 영향력을 주변 국가들로까지 넓히기 위해 그는 외국과 여러 번의 혼인관계를 맺었다.

그가 예루살렘으로 데려온 신부들에게는 그들의 고유 신을 섬기는 것이 허락되어 우상이 들어오게 되었으며, 이에 따라 야훼에 대한 숭배도 강화되었다. 솔로몬의 건축 공사는 무거운 세금과 백성들의 강제 부담으로 가능한 것이었다. 이에 솔로몬은 말년에 백성들로부터 강력한 반발을 샀다.


## ● 분열 왕국

솔로몬 왕의 죽음으로 시작된 분열은 기원전 722년 수도 사마리아가 함락될 때까지 이어졌다. 이 기간 동안 북부 왕국은 망하고, 백성들은 앗수르의 포로로 잡혀갔다. 남부 왕국은 기원전 586년까지 이어졌으나, 결국 수도 예루살렘이 망하고 바벨론 포로생활이 시작되었다. 이 두 왕국의 이야기는 구약의 열왕기 상, 하에 수록되어 있다.

이스라엘로 알려진 북부 왕국은 건국 이후 1세기 동안 아주 어려운 상태에 있었다. 그 부족들은 이웃 나라들과 빈번하게 전쟁을 벌였으며 적들에게 많은 양보를 한 후에야 잠깐의 평화를 맛볼 수 있었다. 나중에 그 부족들의 운명은 이전에 잃었던 것보다 더 많은 것을 되찾으면서 바뀌었다. 반세기 이상 재위했던 여로보암 2세의 영도 하에 이스라엘은 전례 없는 번영기를 누렸다. 그가 죽고 나자 국운이 쇠하기 시작하여 상황은 점점 더 나빠졌다. 도덕적 부패는 정치력 약화를 낳았으며, 곧 나라는 진격해 오는 앗수르 군대의 제물이 되고 말았다. 북부 왕국이 몰락하기 여러 해 전에 선지자 엘리야, 아모스, 그리고 호세아가 그들의 과업을 수행하고 있었다.

유대라고 불린 남부 왕국은 이스라엘 멸망 이후 1세기 이상 존속했다. 영토는 북왕조보다 작았지만 대부분의 지역이 평화로웠다. 유대의 모든 왕들은 다윗의 직계였다. 그것은 언젠가는 그 가계에서 메시아가 나타나 그의 지도 하에 유대인들의 역사에서 하나님의 목적이 완전히 이루어질 수 있을 것으로 믿는 특별한 상징이 되었다. 남왕조 기간 동안에 가장 번성했던 시기는 웃시야 왕의 재위기간이었다. 그가 죽고 나자 나라는 앗수르 군대의 침략을 받아 유대 또한 이스라엘과 같은 운명에 처해지는 듯했다. 그때 갑자기 앗수르 군대가 철수하면서 나라는 살아남았다. 그러나 독립국가로서 존속하는 동안 유대는 앗수르 지배자에게 엄청난 공물을 바쳐야 하는 등의 양보를 하지 않을 수 없었다. 앗수르 제국이 멸망하자 그들은 처음에는 이집트에, 이후에는 바벨론에 아첨해야 했다. 남왕조가 기울어가는 동안에 이사야, 미가, 스바냐, 예레미아, 하박국 같은 위대한 선지자들이 그들의 메시지를 전했다.


## ●추방 그 이후

예루살렘이 느부갓네살의 군대에 점령당하고 유대 주

민들이 바벨론으로 추방당하자 야훼에 대한 신앙은 심각한 시험에 빠졌다. 많은 사람들에게 바벨론의 신이 유대의 신에게 승리를 거둔 것으로 보였기 때문이다. 만약 야훼신이 여전히 권능을 행사하고 있다면, 그는 지금 다른 나라의 지배 하에 있는 자신의 백성들을 구원했어야 할 것이다. 유대 신앙의 생존은 망명중인 두 사람의 위대한 선지자 에스겔과 이사야의 노력에 크게 힘입었다. 그들은 그들이 이해하는 야훼의 본성과 포로생활은 일치한다는 해석을 내렸다. 그들은 유대 땅으로 돌아가 되찾은 땅에서 영광된 번영을 누릴 수 있으리라는 희망을 살렸다.

포로생활은 오래도록 이어졌다. 마침내 바벨론이 바사<sup>*</sup>에 망하는데, 바사는 유대인들을 훨씬 더 관대하게 대했다. 새로운 제국의 통치자는 포로들에게 고향으로 돌아가는 것을 허락했으며, 귀향준비를 도와주기까지 했다. 그러나 유배지에서 돌아오는 것은 그들이 기대했던 것만큼 행복한 일이 아니었다. 성전은 폐허가 되었으며, 나라는 황폐화되었고, 가뭄과 역병이 퍼져 있었으며, 이웃들은 적대적으로 돌변해 삶은 포로생활 당시보다 더욱 곤란했다. 선지자들은 백성들이 미래에 대한 희망과 용기를 갖도록 북돋우기 위해 최선을 다했다. 특히 제사장들이 활발하게 나서서 그들 신앙의 의식적인 측면을 강

---

* **바사:** 기독교에서 '페르시아'를 일컫는 말.

조했다. 수많은 문서가 생산되었으며 율법주의가 유대교 신앙의 중심이 되었다.

정치적으로는, 바사 제국의 군대가 알렉산더 대왕이 이끄는 그리스 군대에 무너졌으며, 그의 정복은 팔레스타인까지 이르렀다. 그는 유대인들에게 관대하여 그들의 종교활동이 자신의 정치적인 야망에 방해가 되지 않는 한 내버려두었다. 알렉산더가 죽은 후, 유대인들은 오랜 시간을 통해 형성된 그들 신앙의 관습과 전통을 말살하려는 시리아의 지배자 안디옥에 의해 아마도 가장 가혹한 박해를 받아야 했다. 이로 인해 마카비 전쟁이 일어났다. 마침내 이 전쟁이 끝나고 유대인들은 잠시 평화를 누릴 수 있었지만, 결국 로마의 지배 하에 들어가고 말았다.

# 정리 노트

# 아모스 *Amos*

**: 줄거리**

책의 형태를 갖춘 것으로 가장 오래된 아모스는 9장으로 구성되어 있다. 여기에 나오는 모든 자료들이 아모스 자신만의 것은 아니다. 그의 사후에 일어난 일로서 편집자와 필사들이 적합하다고 생각되는 내용을 그의 원문에 덧붙인 것이다. 아모스의 글이 연설문 묶음인지, 아니면 단일 연설문인지는 분명하지 않다. 전반적인 주제는 여로보암 왕 시대에 북이스라엘에 만연했던 사회적 부조리에 대한 하나의 저항이다. 이러한 항의와 함께 정의의 요구를 무시하는 나라에 대해 야훼의 징벌이 있을 것이라는 경고다. 그 징벌은 외세에 의한 노예 생활이거나 이스라엘의 종말에 관한 것이었다.

아모스는 예루살렘에서 그리 멀지 않은 지역 드고아에 살던 양치기였다. 그는 양을 기르고 무화과나무를 키우면서 살았다. 산물을 시장에 내놓을 시기가 되면 그는 이스라엘의 여러 읍내와 마을을 돌아다녔다. 그는 그곳에서 도시나 읍내에서 상대적으로 사치스럽게 사는 부유한 지주들이 소작인들에게 가하는 학대를 목격하게 된다. 도시에 머무는 동안 아모스는 부자와 가난한 사람들 간의 갈등뿐만 아니라 정치, 종교 지도자들이 이러한 불공평을 정당화하려는 태도에 심한 갈등을 느꼈다. 이 지도자들은 자신들이 야훼에 대한 종교적 의무에 충실했기 때문에 야훼로부터 물질적 보상을 받은 것이라고 주장했다. 자신들과 나라의 번영은 전반적으로 하나님의 은총이 자신들에게 임했다는 증거이며, 또 앞으로도 내내 계속될 것이라고 해석했다. 동시에 그들은, 가난한 사람들은 유명한 예배장소에서 희생물을 바치거나 종교 행사에 참석하지 않았기 때문에 힘든 운명을 감내해야 한다고 이유를 설명했다. 아모스는 이런 유형의 주장에 영향을 받지 않았다. 아모스는 야훼에 대한 충성은 예배의식에 참석하는 것보다는 사람들을 평등하게 대하는 것이라고 생각하는 주위 환경에 속에서 자랐다.

아모스는 북이스라엘에 만연한 상황을 생각하는 동안 꿈을 꾸고 환상을 보기 시작했는데, 그 중 세 가지를 기록으로 남기고 있다. 그 중 한 꿈에서, 아모스는 곧 무너지려는 담장을 측정하는 다림줄을 가진 남자를 본다. 그 남자는 불룩해진 담장이 다름 아닌 이스라엘 집이라고 말한다. 이러한 담장이 곧 무너질 수밖에 없듯이 이것이 상징하는 나라도 분명 포로가 될 것이다. 두 번째 환상에서 아모스는 이스라엘 국민을 상징하는 여름 과일이 담긴 바구니를 본다. 잘 익은 과일은 물질적 번영을 누리는 나라에 비유된다. 그러나 잘 익은 과일이란 잠시 동안이며 곧 썩고 만다. 따라서 이스라엘 국민들의 평화로운 날들은 곧 종말을 고하게 될 것이다. 세 번째 환상은 땅의 산물을 게걸스럽게 먹으려는 황충 떼였다. 이 환상 역시 앞으로 다가올 재앙의 날들을 경고하는 것으로 해석된다.

시간이 지나자 아모스는 꿈에 대해 더 이상 침묵할 수 없는 시점에 이르렀다. 그는 베들레헴 성소로 알려진 예배장소에 모인 사람들에게 연설하면서 야훼가 사람들에게 전하는 말이라고 선언했다.

"나는 미워한다, 너희들의 잔치를. 나는 너희들의 성회를 참을 수가 없다. 비록 너희들이 나에게 번제(燔祭)를 드리고 곡물을 바치지만, 나는 그것을 받을 수 없노라… 시끄러운 노래를 집어 치워라! 나는 너희들의 수금 연주를 듣지 않겠노라. 대신 정의가 물처럼 흐르고 의로움이 끊이지 않게 하라! 이스라엘 집이여, 사막에서 40년 동안 너희들이 나에게 희생물과 제물을 바쳤느냐?"

아모스의 연설은 당시 일반적으로 받아들여지던 종교적 관행에 대한 도전이었기에 그를 위험에 빠뜨릴 수 있는 것이었다. 제사장 아마샤가 여로보암 왕에게 아모스는 위험한 인물이며 나라에서 추방해야 한다는 말을 전하자 아모스에 대한 거센 반발이 일어났다. 아모스는 야훼가 전해 달라는 말이었다고 항변했지만, 아마샤는 그에게 나라를 떠나서 다시는 이스라엘 땅에서는 예언하지 말라고 일렀다.

　　북왕조의 몰락과 갑작스러운 붕괴가 아모스서의 중요한 두 가지 주제다. 이들 예언의 근거는 북쪽에서 위협하는 앗수르 제국의 힘의 신장이 아니라 오히려 아모스 당대 사람들의 정치, 경제, 종교적인 삶에서의 부도덕성에 있다. 아모스는 야훼를 정의의 신으로 확신하고 있었다. 이 땅의 나라들을 다스리는 야훼의 권능은 의로움과 사회정의라는 원칙을 침범할 경우에는 반드시 멸망이 뒤따르는 것으로 증명되었다. 이 인과론은 아모스서의 첫 2개 장에서 나타난다. 여기에는 다메섹, 가사, 두로, 에돔, 유대, 그리고 이스라엘에 관한 신탁을 기록하고 있다. 처음 네 개의 신탁은 정의를 완전히 무시함으로써 이들 왕국에 내려지는 재앙에 관한 것들이다. 나머지 두 개는 유대와 이스라엘도 동일한 위험에 놓여진다는 것을 지적하고 있다.

　　이스라엘, 그곳은 '은을 위해 의로운 자들을 팔며, 신발 한 켤레를 위해 가난한 자들을 파는 나라', 정의의 원칙을 무수히 어긴 나라로 운이 다했다. 부자들의 호화로운 저택은 무너질 것이며, 게으름과 향락에 젖은 여인들은 추방될 것이며, 나라 전체가 황무지가 될 것이라는 점이 아모스가 특히 강조한 내용이다. 다가올 포로생활은 필연적이며, 마지막으로 완전히 파멸할 것이다. 그는 선언했다. "처녀 이스라엘은 망할 것이며 다시는 일어서지 못할 것이다." 북으로부터의 침공 이후 무엇이 남든 나라를 다시 세우기에는 부족할 것이다. 잔존

물이란 사자나 곰이 뜯고 남은 양에서 양치기가 건져낸 '두 개
의 다리뼈이거나 귀 한 조각'에 비유될 만하다.

아모스에 의하면 이스라엘의 운명은 당연한 귀결이다.
야훼를 섬기는 자신들의 방식이 지속적인 평화와 번영을 가져
다줄 것이라는 종교, 정치 지도자들의 지나친 확신으로는 아
무것도 가능하지 않다. 야훼와 자신들의 관계가 도덕적인 요
구조건에 좌우된다는 과거의 경험에서 그들은 교훈을 얻을 기
회를 가졌었다. 그 점에서 다른 나라들에 비해 훨씬 더 큰 기
회를 가졌었기에 그들은 더 큰 책임을 져야 한다. 이제 더 이
상 그들을 보살필 의무가 없는 야훼로서는 그들의 기도나 제물,
엄숙한 집회에 영향을 받지 않을 것이다.

다가올 야훼의 날에 대한 아모스의 해석도 제사장이나
당시 나라의 지도자들이 일반적으로 받아들이던 것과 상당히
달랐다. 그들은 다가올 야훼의 날은 이스라엘 국민들에게 환
희에 넘치는 승리의 날이 될 것이며, 적들이 그들에게 무릎을
꿇고 그들의 평화와 번영이 영원히 보장받는 날이다. 이런 일
들은 애초부터 이스라엘의 운명을 이끌어온 하나님의 목적이
완전히 실현되는 것이다. 그러나 아모스에게는 다가올 야훼의
날은 그런 것이 아니었다. 야훼가 진정한 정의의 하나님이라
면 똑같이 부적절하고도 무례한 행위를 하는 이스라엘에 대해
다른 민족들에게 내린 것과 같은 벌을 내리지 않고 이를 피하
도록 은혜를 베풀 수는 없다는 것이었다. 따라서 야훼의 날은

이스라엘에는 어둠의 날이 될 것이다. "하나님의 날을 기다리는 자에게 고통이 있을지어다… 그날은 빛의 날이 아닌 어둠의 날이 될 것이다…" 나라가 포로가 된다는 것은 하나님이 이스라엘을 무너뜨리는 것이 아니라 정의의 하나님이 주권을 행사한다는 의미다.



아모스의 예언은 구약 시대의 신앙 발달에서 중요한 핵심을 이룬다. 그 예언은 실로 야훼가 하고자 하는 말이었다. 그가 전하는 메시지의 내용은 혼자서 하는 말이 아니며 듣는 이를 즐겁게 해주려고 하는 것도 아님이 분명하다. 구약의 선지자들은 흔히 스스로가 상상해낸 신을 만들어 그의 말을 전하고 있다는 비판을 받아왔다. 그러나 만약 선지자들이 그렇게 했더라면 자기 백성이 저지른 일에 대해 야훼로 하여금 그토록 비판적으로 말하게 하지는 않았을 것이다.

고대 세계에서 각 나라들은 관습적으로 자신들의 신을 가지고 있었으며, 그의 권능과 영향력은 그가 관장하는 나라에 국한되어 있었다. 야훼도 유대인들에게는 그렇게 받아들여지고 있었다. 그러나 아모스는 이 한계에 묶이지 않았다. 그에게 야훼는 정의의 신이었고, 보편적이며, 결국 모든 민족을 동일하게 다루는 신이었다.

아모스에 대한 제사장들의 반대는 경건한 의식과 희생물과 공적인 기도와 의식의 준수 등과 관련되어 있었다. 제사장들은 이를 모두 지켜야 한다는 입장이었지만 아모스는 이 모든 것들은 쓸데없으며 완전히 없애야 한다는 입장이었다. 적절한 수준의 의식은 정신적인 목적을 위해 필요하겠지만 지나쳐 도덕적인 것을 대체할 정도면 없애버리는 쪽이 낫다는 것이다.

# 호세아 *Hosea*



　　아모스와 마찬가지로 호세아도 북왕조인 이스라엘에 관한 연설문이다. 이 책 14장에는 미래에 일어날 일들에 대한 경고와 이 사건들이 의미하는 바에 대한 해설이 수록되어 있다. 이 책을 통해 선지자는 여로보암 2세의 사후 여러 해 동안 일어날 심각한 사태에 대해 이스라엘 국민들에게 말하고 있다. 아모스가 나라에 닥칠 재앙을 예언했을 때도 그는 즉각 '시온*에 안주하는' 사람들과 자신들의 땅에서 그런 나쁜 일은 일어나지 않을 것이라는 사람들로부터 거부당했다. 그러나 몇 년 후 호세아가 나타났을 때는 태도가 달라졌다. 낙천적인 사람들의 믿음조차 흔들 정도의 사건들이 일어난 것이다. 정부는 더 이상 백성들이 믿고 의지할 정도로 안정되지 못했다. 왕위는 자주 바뀌었으며, 여기에는 흔히 무력이 사용되었다. 앗수르 군대의 침략이 임박해지자 이스라엘은 앗수르 지배자에게 엄청난 공물을 바쳐 겨우 평화를 유지할 수 있었다.

　　공물을 걷기 위해서는 백성들에게 부담을 지우는 조세

---

* **시온**: 예루살렘 성지의 언덕.

정책이 필요했지만 외국의 권력자에게 공물을 바치는 일에는 언제나 분개하는 사람들이 있었다. 때때로 이 분개는 공공연한 폭동으로 이어지기도 했다. 이스라엘 왕은 곧잘 피살되었고, 그를 살해한 자는 정부를 장악했다. 이러한 상태는 혼란 그 자체였으며 아무도 처방을 알지 못했다. 그러한 가운데 제사장들은 제물의 수를 늘렸고, 더 많은 기도를 드렸으며, 더 많은 예배를 소집했다. 그러나 이 모든 조치도 가라앉는 흐름을 멈출 수 없었다. 이러한 긴장되고도 괴로운 상황에서 호세아가 야훼의 대변인 역할을 시작했던 것이다.

호세아의 첫 부분은 이 선지자의 비극적인 결혼생활을

담고 있다. 호세아는 정숙한 고멜과 결혼했으나 간통한 여인으로 밝혀졌다. 그녀에게는 세 자녀가 있었으나 호세아의 아이가 아니었다. 고멜의 간음으로 호세아는 이혼하고 떨어져 살았다. 집을 나온 고멜은 계속 간음하였으며 마침내는 노예와 다름없는 생활을 했다. 그러나 호세아는 고멜의 부정에도 불구하고 여전히 그녀를 사랑했다. 그는 돈을 주고 그녀를 애인들로부터 구출해 자유를 찾아주었다.

이 이야기가 우화인지 아니면 호세아의 실제 가정생활을 기록한 것인지는 의문의 여지가 있다. 다른 의견도 있기 때문이다. 이 책 3장에 보면 자신의 경험이 주는 의미를 야훼와 이스라엘 민족과의 관계로 보고 있다. 야훼는 이스라엘을 선택하여 계약관계를 맺었으나 이스라엘은 계약을 어겼다. 충성을 맹세해 놓고서 다른 신을 섬기자 하나님은 버림받는 격이 되었다. 이런 방탕한 관행은 가나안 우상을 섬기기에 이르러 이스라엘인들의 종교적 삶의 일부가 되었으며, 그들이 공언한 야훼에 대한 신앙은 우상숭배 사상과 의식으로 오염되었다. 이스라엘이 약속을 어김으로써 야훼는 앗수르로 하여금 이 땅을 정복하여 백성들을 노예로 잡아가도록 허락했다. 그러나 다가올 노예생활을 마지막으로 보는 아모스와는 달리, 호세아는 이스라엘이 정신을 차리도록 하려는 수단으로 보았다. 그들이 교훈을 얻은 다음에는 다시 자신들의 땅으로 돌아오고, 다윗과 같은 왕이 나타나 그들을 다스리게 될 것이다.

자신의 비참했던 결혼생활의 경험에서 얻은 이 교훈이 점점 더 분명해짐에 따라 호세아는 말년에 이 책을 기록했다. 자신과 고멜과의 관계가 야훼와 이스라엘과의 관계와 평행선을 달리고 있다는 것을 깨달은 그는 이 교훈은 야훼가 자신의 백성들에게 전해 줄 의지와 목적으로 사용하는 것임을 알아차렸다. 이런 관점에서 본다면 우리는 야훼가 그로 하여금 부정한 여자와 결혼하게 하고, 나중에는 그녀의 도덕적인 회복을 준비토록 했다는 그의 말을 이해할 수 있을 것이다.

호세아의 나머지 부분은 야훼의 특성이나 야훼와 이스라엘 민족과의 관계 등에 관한 호세아의 확신을 나타내는 잡다한 언급들로 이루어져 있다. 호세아는 시인 기질이 있었던 사람으로 보인다. 그의 생각은 강한 비유법과 놀라울 정도로 조리 있는 연설로 나타난다. 그러나 그의 말을 이해하기가 쉬운 것만 아니다. 왜냐하면 그의 말은 시간순으로 나열되어 있지 않으며 연설을 행한 시기나 상황도 언급되어 있지 않기 때문이다. 이러한 어려움에도 불구하고 여기에 포함된 자료들은 이스라엘 종교사상의 발전에 적지 않은 기여를 할 정도로 주목할 만한 통찰력을 지니고 있다.

호세아를 읽는 사람이라면 호세아의 신에 대한 개념에 감명받을 것이다. 아모스는 그 이전에 있었던 대부분의 선지자들과 마찬가지로 야훼를 우선적으로 정의의 신으로 받아들이고 있었다. 그는 자기 백성들에게 지켜야 할 율법을 주었

으며 이에 불복종하는 자에게는 필연적으로 잘못을 보상하기에 충분한 벌을 내렸다. 그러나 호세아에게 야훼는 사랑과 자비의 신이다. 야훼의 성격을 가장 잘 이해하는 방법은 가족관계로부터 이끌어낸 비유를 통해서다. 남편의 아내 사랑, 아버지의 자식 사랑이 신의 성격을 이해하기에 가장 적절한 상징이 될 것이다. 야훼에 관해 이야기하면서 호세아는 단언한다. "이스라엘이 어린아이였을 때 나는 그를 사랑했었다. 그래서 이집트에서 아들을 불러냈다." 그리고 다시, "내가 어찌 에브라임을 잊을 수 있겠는가? 내가 어찌 너희 이스라엘을 넘겨줄 수 있겠는가? 나는 나의 진노를 나타내지 않을 것이며, 에브라임을 더 이상 멸하지 않을 것이니라."

잘못에 대한 징벌은 진실로 필요하지만 호세아에 의하면 징벌의 목적은 정의의 요구에 부응하는 것이 아니라 잘못을 저지른 사람을 원상회복시키는 데 있다. 이러한 도덕회복의 길은 잘못을 저지른 자 자신이 그 죄를 깨닫고 겸손하게 회개하고 악의 길에서 벗어나는 것이다. 다시 말하자면 호세아가 말하는 징벌은 응보라기보다는 치유이며, 자기 백성에 대한 야훼의 사랑이다. 징벌은 달리 방도가 없을 때 사람들을 가르치기 위한 마지막 수단으로 사용되어야 한다. 이스라엘은 분명히 노예가 되겠지만 이는 나라의 파멸을 의미하는 것은 아니다. 오히려 이스라엘인들에게는 야훼의 성격을 좀더 분명히 이해할 수 있는 기회가 될 것이다. 그리하여 자유민이 되어 이스라엘로 돌아왔을 때 어떻게 야훼를 섬겨야 할지 알 수 있게 해줄 것이다.

나라에서 일어나는 일들의 큰 책임은 나라의 일을 이끄는 임무, 특히 종교적인 임무를 맡은 제사장들에게 있다. 그러나 그들은 그 임무를 다하지 않았다. 그들은 눈먼 인도자가 되어 야훼가 원하는 것은 오직 제물과 오랜 기도와 경건한 성전과 여러 가지 의식의 숭배라고 믿게 하였다. 호세아에 의하면, 야훼는 이 모든 제사에는 전혀 개의치 않는다. "내가 원하는 것은 희생물이 아니라 자비이며, 번제를 드리는 것이 아니라 신에 대한 이해다." 야훼가 요구하는 것은 도덕이다. 그가 원하는 것은 일련의 정해진 규칙에 외형적으로 순응하는 게 아니라 올바른 인간적 태도다. 만약 사람들이 야훼의 성격을 정확히 알았더라면 가나안 사람들이 우상을 숭배하듯이 그를 숭배하려고 들지는 않았을 것이다. 이 점에 대한 이해의 부족에 대해 호세아는 제사장들뿐 아니라 자신들을 잘못 이끌게 내버려둔 백성들에게도 비판을 가했다. 이스라엘 백성들, 특히 제사장들은 더 잘 알 수 있는 기회를 가졌었다. 그들의 책임에는 주어진 기회를 적절히 이용하는 것도 포함된다. "나의 백성들은 지식이 없으므로 멸망했다. 너희가 지식을 거절했기 때문이며, 나 또한 너희를 나의 제사장으로 거부한다."

야훼의 성격을 이해하지 못했기에 나라의 안위와 관련해서도 잘못된 생각을 낳기에 이른 것이었다. 이스라엘 사람들은 정의를 믿기보다는 강한 군대와 힘에 의존했다. 그것이 자국을 위협하는 강한 적들의 적수가 되지 못한다는 것이 명백해지자 외세와 동맹을 해야 한다는 사람들이 나타났다. 일부는 이집트와의 동맹을 주장했으며, 또 다른 집단은 이스라엘의 안위를 앗수르와의 동맹에 의존해야 한다고 주장했다. 그러나 호세아가 보기에는 둘 다 잘못이었다. 그는 나라의 몰락 원인을 잘못 이해한 지도자들을 공격했다. 선지자는 말한다. "에브라임은 뒤집어지지 않는 평평한 떡이다." 백성들은 자기들이 뭘 하는 것인지 모른다는 것이다. 다시 그는 말한다. "이스라엘은 비둘기다. 쉽사리 속는 둔한 비둘기다." 이스라엘은 머리가 없는 새다. 백성들은 도덕적 정의로써가 아니라 힘을 키움으로써 나라를 지키자는 어리석은 예언을 추종해왔기 때문이다.

　　호세아는 북왕조의 마지막 선지자였다. 이 왕조가 앗수르에 멸망하자 누군가 이 책을 예루살렘으로 가져와서 보존했다. 이 책은 어떤 의미에서는 이스라엘 종교사상의 정점을 이룬다. 여기서 처음으로 사랑의 하나님으로서의 야훼가 등장한 것이다. 앞서의 신관(神觀)은 모두 힘과 정의의 하나님이었다. 호세아도 그 점을 인정했지만, 그것들을 사랑과 박애의 하위 개념으로 보았다.

　　부정을 저지른 아내 고멜을 회복시키려는 그의 노력은 그의 일생에서 가장 고귀한 행위임을 깨닫는다. 부정한 아내에 대한 호세아의 태도는 죄짓는 이스라엘에 대한 야훼의 태도와 일치했다. 자기 백성에 대한 야훼의 관심은 그들이 받아야 할 벌을 내리는 것이 아니라 그들을 원상회복시키는 것에 있다. 야훼의 정의는 박애의 아래에 자리한다.

　　이러한 신의 개념은 이스라엘 종교의 발달에 중요한 결과를 가져왔다. 야훼의 징벌은 응징이 아니라 치유였다. 그러한 관점으로 바라볼 때 유대의 역사는 새로운 광명을 얻게 된다. 수시로 이들에게 내린 고난은 그들을 교훈하려는 것이었다. 나라가 외세에 의해 망하는 것도 하나님이 버린 것이 아니다. 이스라엘에 대한 그의 사랑은 너무 크기 때문에 결코 포기하지 않으며 결국 이루어질 것이다.

# 이사야 *Isaiah*



현재 구약에 들어 있는 이사야서는 선지자 이사야가 쓴 것보다 훨씬 더 많은 내용을 담고 있다. 이 책은 여러 저자가 집필한 방대한 글을 엮은 것이다. 그들 중 몇몇은 시대적으로 동떨어진 경우도 있다. 예를 들면 1장-39장은 40장-66장과는 아주 다른 단원으로 구성되어 있다는 것을 구약 학자들은 오래 전부터 알고 있었다.

일반적으로 1장-39장은 선지자 이사야가 쓴 것으로 알려지고 있다. 이 장들은 예루살렘이 아직 무너지지 않았을 때, 그리고 남왕조가 앗수르로부터 침공위협을 받고 있을 당시의 유대와 예루살렘에 관해 기술한 것이다. 40장 이후의 장들은 1세기 이상이 지난 상황의 관점에서 쓴 것으로 보인다. 실제로 저자는 바벨론 포로생활이 아주 오랫동안 지속되었음을 분명히 지적하고 있다. 그는 그 징벌이 곧 끝날 것으로 믿었다. 포로들이 조국으로 돌아와 오랫동안 폐허가 되었던 도시 예루살렘을 재건할 시기가 머지않았다.

이사야는 남왕조의 선지자였다. 그가 선지자로서 부름을 받은 것은 웃시야 왕이 죽은 해(기원전 740년), 나라의 역

사에서 보면 아주 중대한 기간이었다. 웃시야는 가장 위대한 유대의 왕 중 한 사람이었다. 그는 거의 반세기 동안이나 재위했고, 이 시기에 왕국은 가장 큰 번영을 누렸다. 이웃 국가들과 상업적 교역이 이루어졌으며, 나라의 내부 자원도 개발되었다. 그러나 부가 증가하자 그 분배방식을 놓고 심각한 문제가 일어나기 시작했다. 빈부간의 대립은 위험한 수준에 이르렀고, 땅과 재산을 빼앗긴 계층으로부터 반란의 위협도 나타났다. 거기에다가 북이스라엘을 침공한 앗수르가 유대마저 공격할 시기가 임박했다는 위협도 끊임없었다. 상황은 실로 불길했다. 그러나 웃시야 왕은 강력했으며 유능한 지도자였으므로 사람들은 그가 이 문제들의 해결방법을 알 것이라며 안심했다. 그때 왕이 문둥병이 들어 예루살렘을 떠나 도시 밖에 있는 나환자 수용소에서 살게 되었다는 놀라운 소식이 전해졌다. 왕위 계승자인 웃시야의 아들 요담은 아버지가 가진 강력함이나 존경스러움 그 어느 것도 갖추지 못한 사람이었다. 반대로 부하들에게 신뢰를 줄 수 없을 만큼 나약하고 우유부단했다. 웃시야는 나환자 수용소에서 3년간을 살았다. 그의 죽음이 알려지자 왕국은 충격에 휩싸였다.

　　이 기간중, 위험한 상황 하에서 이사야는 선지자가 되었다. 그는 이 직책으로 부름을 받으면서 그가 본 환상에 대한 해석을 이사야서 6장에 담고 있다. 환상이 나타난 것은 예루살렘의 성전에서였다. 이곳은 나라의 신앙생활이 집결된 곳이었다. 아마도 20대 초반의 이사야가 한 시간 동안 이곳으로 들어갔을 때 나라의 미래는 지극히 어두워 보였다. 환상은 비교적 상세하게 묘사되어 있다. 그 핵심적인 의미는 유대가 어려운 시기를 겪겠지만 야훼가 여전히 나라를 다스린다는 선지자의 확신이었다. 야훼의 영광과 존귀는 온 땅을 뒤덮고 있다. 야훼의 거룩함에 반한 유대 왕국이 지은 죄는 다급한 조치를 필요로 한다. 누군가가 야훼와의 대화를 통해 하늘의 메시지를 백성들에게 전하지 않으면 안 된다. 이것이 얼마나 어려운 과업인지 알고 있던 이사야는 자신은 적임자가 아니라고 항변한다. 그러자 그의 가슴과 마음을 씻어내는 상징적인 행위가 나타난 후 그는 다음과 같이 응답한다. "제가 여기 있나이다. 저를 보내주소서!"

이사야의 사역은 요담, 아하스, 히스기아의 재위기간까지 약 반세기 동안 이어진다. 전설에 의하면 그는 므낫세 왕의 재위기간 사이에 순교했다고 전해진다. 그는 왕과 제사장들을 직접 대면할 수 있는 위치에 있었는데, 이들의 강력한 반대에 직면했다. 때로는 반대가 너무나 강해 그가 대중 앞에서 말하는 것이 금지되어, 그의 사역이 개인적으로 만나는 사람들에게로 국한되기도 했다. 제사장들과 그들이 행하는 제사에 대해 이사야는 아모스나 호세아와 유사한 확신을 나타냈다. 예를 들면 야훼에 대해 그는 말한다. "'수많은 희생물—그것들이 나에게 무슨 소용이냐?' 야훼께서 말씀하셨도다." 그리고 다시,

"너희들이 새로 시작하는 달 축제와 향연을 나의 마음이 싫어하노라." 그는 또 무수한 기도를 야훼는 듣지 않는다고 주장했다. "너희들이 기도를 위해 손을 뻗을 때 나는 너희로부터 눈을 돌리리라. 너희들이 많은 기도를 드린다 해도 나는 듣지 않으리라. 너희들의 손은 피로 물들었도다."

같은 맥락에서 이사야는 지주들이 조장하는 경제제도에 대해서도 비판적이었다. 이 선지자가 불렀을 것으로 보이는 "포도원의 노래"에서 우리는 다음과 같은 구절을 발견할 수 있다. "슬프도다. 집에 집을 엊고 땅에 땅을 이어 남은 곳이 없으며 결국 너희 홀로 땅에서 사는구나." 이 찬송은 자신들의 배를 불리기 위해 가난한 자들의 불행으로부터 이익을 취하려는 빚쟁이들의 요구를 들어줘 가난한 자들이 재산을 빼앗기는 방식에 항의하는 것이다.

왕에 대한 선지자의 비판은 여러 번 있었지만 가장 극심했던 경우는 협상이 진행중이던 외국과의 동맹에 대한 것이었다. 초기 사역 당시 이사야는 앗수르와의 동맹이 갖는 위험에 대해 아하스 왕에게 경고한 바 있었다. 북이스라엘 왕국의 두 왕은 아하스 왕에게 앗수르에 대항하는 동맹을 체결하자고 요청했었다. 아하스 왕이 거절하자 그들은 전쟁으로 위협했다. 놀란 아하스 왕은 앗수르에 도움을 요청했다. 이러한 행동이의 어리석음을 분명히 보고 있었던 이사야는, 흔히 메시아가 올 징후로 잘못 해석되어 온 그의 예언에서 아하스 왕에게 3,

4년 이내에 그가 두려워하는 두 왕국이 완전히 뿌리 뽑힐 것이라고 경고했다. 한편, 만약 아하스가 유대를 막으려 한다면 도덕적인 개혁에 관심을 기울여야 한다고 했다. 아하스는 이사야의 권고를 듣지 않았다. 그는 자신의 계획을 밀고 나갔으며, 그 결과 유대는 앗수르 제국에 종속적인 관계로 전락하고 말았다.

히스기아 왕의 통치기간 동안 두 번 더 앗수르의 공격을 저지할 수 있는 동맹을 만들어 앗수르의 커가는 힘을 견제하려는 시도가 있었다. 첫 번째 시도는 유대 왕을 초청하여 그들과 손을 잡자는 이집트로부터였다. 두 번째는 바벨론의 발라단이 주도했다. 그들은 히스기아 왕을 초청하여 바벨론과 이집트와 함께 연합전선을 형성해 앗수르에 대항하자고 설득했다. 히스기아 왕은 유대가 홀로 설 수 없을 것이라는 두려움으로 동맹에 참여하고자 했으나 이사야는 왕이 그렇게 하는 것은 중대한 잘못임을 알고 있었다. 그가 왕에게 보낸 가장 강력한 메시지에서 선지자는 이렇게 선언했다. "슬프도다 도움을 청하러 이집트로 간 자여. 그들은 말과 수많은 전차에만 의존하고 있도다… 이집트인들은 신이 아닌 사람이며, 그들의 말은 영이 아닌 육신이니라. 하나님이 팔을 뻗을 때 도움을 주던 자는 비틀거릴 것이며, 도움을 받던 자는 쓰러질 것이다. 둘 모두가 망하리라."

유대가 처한 임박한 위험에도 불구하고 이사야는 유대

인들의 궁극적인 승리를 확신하고 있었다. 북이스라엘에 다가올 패망을 단지 유대인들의 개혁과 승리의 전조로 받아들이던 호세아와 마찬가지로 이사야도 일시적인 재앙이 유대 왕국의 종점이 아니라는 것을 확신했다. 이 땅에서 야훼의 목적은 유대인을 통해서 이루어질 것이며, 따라서 예루살렘 도시와 그 도시가 서 있는 땅은 결코 완전히 무너지지 않을 것이다. 실제로 앗수르가 유대를 침공해 여러 도시를 점령하고 히스기아에게 예루살렘을 내놓으라고 요구했을 때 이사야는 그 요구를 들어주지 말라고 충고했다. 그는 예루살렘은 시온의 도시이며 결코 무너지지 않을 것이라고 주장했다. 앗수르는 곧 물러갔으며 이사야는 잠시 명예를 회복했다. 유대인들의 소망이었던 '살아남는 자'와 관련하여 이사야의 가르침과 밀접하게 관련된 것은 언젠가는 예루살렘을 점령해 정의와 의로움으로 나라를 다스릴 메시아의 강림이었다. 그는 이전의 어느 왕보다 더 훌륭한 왕이 될 것이다. 그의 영도력 하에서 가난한 자와 압제받는 자들은 승리자가 될 것이다. 왜냐하면 그는 분별력 있는 마음으로 판단할 것이며, 소문이나 겉모습에 영향을 받지 않을 것이기 때문이다. 그의 왕국은 충만할 것이며 이 땅에서 신의 섭리를 완성할 것이다.

　　메시아에 대한 이스라엘의 소망은 이전 몇몇 선지자들의 가르침에서 함축적으로 나타나기는 하지만 최초의 분명한 표현은 이사야서에서 나타난다. 메시아라는 단어는 '기름부음을 받은 자' 또는 특정 목적을 위해 야훼에 의해 선택받은 사람을 의미한다. 유대의 왕이나 제사장, 선지자들은 특정 사역의 상징으로 기름부음을 받았다. 사울이 이스라엘의 왕이 될 때 사무엘로부터 기름부음을 받았으며, 이는 선택받은 임무를 실현해 달라는 국민의 희망을 상징한다. 그러나 사울 왕이나 다윗 계보의 다른 왕들도 이에 부응하지 못한다. 웃시야의 뒤를 이은 왕은 더욱 나약하고 무능했다. 이사야가 훌륭한 능력을 가진 메시아의 강림에 전념한 것도 이때이다. 이사야가 그리는 왕은 훌륭한 판관으로 가난한 자와 억압받는 자들을 잘 이해할 줄 아는 이상적인 왕이다. 이사야 이후 메시아의 개념은 많이 바뀌었으나 유대교의 가장 중요한 사상이 되었다.

　　이사야서의 가장 유명한 부분은 2장으로, 여기서는 전쟁 없는 세계를 그리고 있다. 11장 '양떼들과 함께 노니는 이리'의 이야기는 나중에 이사야의 메시아 이야기에 덧붙여진 것으로 보인다.

# 미가 *Micah*



선지자 미가는 이사야와 동시대 사람이었다. 그는 앗수르가 유대를 침공했을 때 멸망한 가드 시에서 그리 멀지 않은 모레셋이란 조그만 마을에서 살았다. 그곳에서 미가는 이사야가 항의했던 토지 임대제도로 인해 가장 많은 고통을 받던 사람들을 일상적으로 만날 수 있었다. 미가가 자신의 사역을 시작했을 때 북왕조는 아직 존재하고 있었으며, 미가의 초기 메시지는 이스라엘 사람들과 유대 사람들에게 전해졌다. 미가는 가난한 사람들과 함께 살았으며 그들의 어려움을 동정하고 있었다. 그가 한 일은 여러 가지 면에서 아모스와 비슷했다. 특히 사회·경제적인 문제에 대한 언급에서 더욱 그러했다. 다소 차이가 있다면 지배계층에 대한 비판을 할 때 미가의 말하는 태도는 후세의 선지자와 스승들 사이에서 그의 이름을 기억하게 하고, 존경받게 만들었다.

구약의 저자들 가운데 부자와 권력자들이 사사건건 가난하고 약한 자들을 착취하는 것에 대해 미가만큼 분개한 사람도 없다. 진지하게 그는 외친다. "슬프도다 악을 도모하는 자들이여, 잠자리에서 악을 꾸미는 자들이여! 날이 새면 그들은 자신들의 권한으로 실천에 옮기는도다." 그는 부유한 지주들을 신랄하게 비난했다. "그들은 땅과 집을 탐하여 그것을 차지한다. 그들은 남자에게서 집을 빼앗고 동포들로부터 유산을 빼앗아간다." 그는 가난하고 불쌍한 사람들이 동물 같은 취급을 받는 방식을 묘사했다. 그는 매우 강력한 어조로 '내 백성의 가죽을 벗기고… 뼈를 조각조각 부러뜨리며 냄비에 넣은 고기처럼 저미는' 지도자들을 비난했다.

미가는 청중들에게 말한다. 이런 악조건 때문에 야훼는 틀림없이 이 땅에 벌을 내릴 것이라고. 북왕국이 앗수르의 포로가 된 것은 그들의 사악함 때문에 내려진 징벌이며, 이제 선지자는 유대에 예비된 징벌을 보고 있다. 예루살렘은 시온의 도시이며 그렇기에 결코 멸망하지 않으리라고 선언했던 이사야와는 달리, 미가는 예루살렘이 용서받을 이유가 없다고 보았다. 나라의 수도로서 전국적으로 만연한 부패에 책임 있는 자들이 살고 있는 곳으로서 이러한 악행의 희생자들이 살고 있는 마을보다 더 가혹한 징벌을 받아 마땅하다. 미가는 큰 소리로 외쳤다. "들으라. 야곱의 집 지도자들이여… 시온을 피로써 세운 자들이여, 야곱의 집을 사악함으로 세운 자들이여… 너희로 인해 시온은 전답처럼 갈아엎히게 될 것이며 예루살렘은 돌더미가 될 것이니라."

미가의 경고는 모든 것이 잘 되고 있으며, 이 땅에 어떤 악도 내리지 않을 것이라는 말을 즐겨 듣던 사람들의 노여움을 샀다. 미가는 자신의 메시지가 대중적인 인정을 받지 못하리라는 것을 알고 있었다. 그는 선언한다. "그러나 나는 권능과 성령과 정의와 힘으로 충만하여 야곱에게는 그의 불법행위에 대해, 이스라엘에는 죄에 대해 선언한다." 미가가 이스라엘과 유대에 대한 징벌을 이들 나라의 종말로 생각했는지—아모스가 생각했듯이—아니면 호세아가 가르쳤듯이 이 심판을 사회를 구속하기 위한 예비적인 것으로 보았는지는 모른다. 5장의 예언적인 기록에는 미래에 대한 희망이 나타나 있으나 이것이 미가의 것인지 아니면 후대의 필자에 의해 추가된 것인지는 불확실하다. 이 예언에서 독특한 것은 베들레헴을 메시아가 태어날 곳으로 명명하고 있다는 점이다. 이 예언은, 미래의 메시아는 가난한 계층 사람들을 이해하는 그들을 대표하는 인물이 될 것이라는 점을 나타내고 있다. 메시아는 그들의 대의를 옹호하게 될 것이다.



　　　미가서는 7장이지만 처음 3장만 그의 것이 확실하다. 그의 글은 구약 중에서도 가장 정선된 것으로 가르침은 후세 예언가들에 의해 높이 평가받고 있다. 4장에 나오는 전쟁 없는 세상은 이사야서 2장과 함께 가장 많이 인용되는데, 후세의 편집자들이 높이 평가해 각각에 포함시킨 것으로 보인다.

미가서 6:6-8에서는 예언적 종교에 대해 명백하게 얘기하고 있다. "하나님이 너희에게 요구하는 게 무어냐? 정의롭게 행동하고, 자비를 사랑하고, 하나님과 함께 겸손히 행하라"는 것이다. 하나님이 요구하는 것은 희생물이나 번제가 아니라 도덕성이라는 것이다.

# 스바냐 | 나훔 | 하박국
*Zephaniah | Nahum | Habakkuk*



이스라엘의 선지자들 모두가 위대한 미래상을 가진 사람들은 아니었다. 그들 중 일부는 동시대 사람들이나 후대 사람들에게 감명을 주지 못했다. 따라서 그들의 이름이나 글이 기록으로 남지도 않았다. 여기서 거론되는 세 사람은 행운아였다. 우리가 그들의 이름을 알고 있으며, 적어도 그들이 한 말의 일부는 그들의 이름으로 남아 있기 때문이다. 그러나 다른 선지자들의 경우와 마찬가지로 그들의 메시지도 추가되고 편집되었다.

**스바냐** 스바냐의 사역은 유대의 요시아 왕대에 시작되었다. 스바냐는 히스기아의 손자지만 이사야 시대에 예루살렘을 다스렸던 그 히스기아인지는 알 수 없다. 스바냐는 문자 그대로 최후 심판의 예언자였다. 그는 백성들에게서 희망의 미래를 찾을 수 없었다. 우선 그는 다가오는 야훼의 날에 관해 이야기한 사람으로 기억된다. "'나는 이 땅에서 모든 것들을 쓸어 버릴 것이다'라고 하나님이 말씀하셨다. '사람과 짐승 모두를 쓸어 버릴 것이다.'" 이러한 예언을 하게 했던 직접적인 계기는 일반적으로 스키타이의 유대 침략 때문인 것으로 추정된다. 스키타이는 유래 없는 파괴와 유린으로 북방 나라들을 침공하던 유목민들이었다. 그 당시 스키타이들의 침공에 대해서는 우리가 알고 있다. 그러나 선지자가 그들을 염두에 둔 것인지 아니면 유대인들을 오랫동안 억압했던 앗수르를 염두에 둔 것인지는 확실하지 않다. 어느 경우든 스바냐는 유대에 다가올 사건들은 죄로 인한 야훼의 심판으로 해석되어야 한다고 믿었다. 특히 그는 이방신을 믿고 이와 관련하여 의식을 준수하는 것에 대해 언급하고 있다.

야훼의 날을 예언한 선지자가 스바냐가 처음은 아니지만 그는 당대 사람들에게 각별한 의미를 부여했다. 아모스는 야훼의 날이 미래의 언제쯤 올 것이라고 주장했지만 스바냐는 이미 임박했다고 주장했다. "하나님의 위대한 날은 이미 임박했으며 신속히 다가오고 있다… 그날은 분노의 날이 되리니 비탄과 격동의 날이 될 것이다." 그는 그날이 오는 것을 모든 악의 세력들이 정당한 처벌을 받는 위대한 절정의 날이 될 것이라고 보았다. 그가 이 악의 날을 유대 왕국의 종말로 보았는지 아니면 그의 백성들에게 좀더 나은 날을 위한 준비로 보았는지는 알 수 없다.

**나훔** 나훔은 보통 중요하지 않은 선지자로 분류된다. 비록 우리는 인간 나훔에 대해서는 구체적으로 아무것도 모르지만 그의 책으로 보면 진정한 의미의 선지자가 아니라는 판단을 할 수가 있다. 그는 시인으로서 놀라우리만치 다양한 글을 남겼으며, 기원전 612년 앗수르의 수도 니느웨의 멸망을 잊을 수 없는 언어로 기록했다. 이 사건은 유대 사람들, 특히 민족주의가 강한 사람들의 입장에서 보면 즐거운 일이었다. 나훔의 원작 시들은 2, 3장에 기록되어 있다. 첫 장에는 수수께끼 같은 시가 들어 있다. 각 행의 첫 글자를 모으면 이름이나 말이 되는 시의 형태로, 이 책의 서문으로 사용되고 있다. 아마도 2, 3장의 저자는 니느웨의 멸망을 가져왔던 싸움을 목격한 것으로 보이나 확인할 수는 없다. 일련의 비난으로 시작되는 이 시는 이어서 도시의 멸망을 선명하게 그리고 있으며, 마지막으로 이제는 무너진 거만한 권력에 대한 일련의 냉소로 마무리되고 있다. 시의 형태를 띤 좋은 내용에도 불구하고 그 시는 저주의 찬미였다. 수세기 동안 유대인들은 앗수르의 손아귀에서 박해를 당했기에 그 쓰라린 경험과 관련하여 이 시가 편집자들에게 부각되어 선지서에 담겨진 이유를 알 수 있을 것이다.

**하박국** 하박국은 나훔과는 날카롭게 대비되는 사상을 갖고 있다. 그의 이름으로 된 예언서는 외국인에 대해 미움을 표하지 않으며, 악을 행하는 자기 민족에 대해서도 저주를 퍼붓지 않았다. 대신 그는 그러한 사건에 대해 깊이 상심한 나머지 당시의 상황을 이해할 수 있게 해달라고 간절히 기도했다. 그의 사역은 요시아 왕(기원전 640년 – 609년)과 그의 아들 여호야긴 왕(기원전 609년 – 598년) 재위기간에 이루어졌다.

요시아 왕은 유대의 훌륭한 왕 중 한 사람으로 간주되고 있다. 그의 재위기간 동안 유명한 율법서, 오늘날 우리가 신명기(모세5경 중 하나)라고 부르는 내용이 담긴 책이 성전에서 발견되었으며, 그 조항이 토지법률로 제정되었다. 이러한 선정(善政)에도 불구하고 그는 므깃도 싸움에서 죽었다. 므깃도는 이집트가 유대로 진출하는 것을 막기 위해 그가 출정한 곳이었다. 그의 아들 여호아하스는 이집트의 포로가 되었으며, 또 다른 아들 여호야긴은 이집트에 충성을 맹세했다는 이유로 왕위 계승이 허락되었다. 나중에 이집트가 갈게미쉬 싸움에서 바벨론에 패하자 여호야긴은 바벨론에 충성을 맹세했다.

이러한 사태를 지켜보면서 하박국은 어째서 이 세상에서 악의 세력들이 그처럼 번창할 수 있는가를 이해할 수 없었다. 그가 믿는 야훼는 정의로운 사람에게 상을 주고 악을 행한 사람에게 벌을 내리는 신으로 믿었으나 정작 목격한 일들은 그 반대였다. 훌륭한 왕이었던 요시아는 싸움터에서 죽었고, 정당한 왕위 계승자인 그의 아들은 포로가 되었으며, 지금 예루살렘을 다스리고 있는 여호야긴은 부패하고 무능했다. 그의 재위기간이 길어질수록 상황은 더욱 나빠지고 있었다. 선지자는 야훼가 이런 암울한 불의를 고치지 않는 것을 이해하지 못했다. 절망에 빠진 하박국은 외쳤다. "하나님이시여, 얼마나 더 오래 도움을 구해야 하나이까? 그러나 듣지 않으시는 하나님… 그리하여 법은 망가지고 정의는 보이지 않나이다.

정의로움 속에 사악한 사람들이 들어와 정의가 왜곡되고 있나이다." 그는 야훼가 유대의 악인들을 벌하기 위해 바벨론 사람들을 도구로 이용한다는 이야기를 들었지만 하박국의 생각으로는 바벨론 사람들도 벌받을 사람들보다 나은 게 없었다. 하박국이 야훼에게 묻는다. "저 반역자들을 왜 용서해 주시는 것이옵니까? 악의 무리들이 정의의 사람들을 억누를 때에 어째서 침묵하는 것이옵니까?" 비록 하박국은 자신의 질문에 대해 직접적인 대답을 듣지는 못했지만 결국은 의(義)의 세력이 승리할 것이라는 확신으로 위안을 얻었다. 언젠가는 "정의로운 자들이 그 믿음으로 살게 될 것이다."

: 풀어보기

스바냐의 야훼의 날에 대한 기다림은 어떤 의미에서는 기원전 몇 세기 전에 널리 유행했던 종말론과 계시론이 발전된 형태였다.

니느웨의 멸망을 절묘한 필체로 그려낸 나훔서는 숭고한 종교적 의미는 없지만, 이것이 구약에 포함됨으로써 시의 상상력이 다양한 해석을 낳았다. 이것을 글자 그대로가 아닌 상징적인 것으로 읽을 경우에는 읽는 사람 모두가 원하는 것을 얻을 수 있다.

하박국을 괴롭혔던 불의의 문제는 그의 삶 이후에 더욱

문제가 되었다. 나라가 당하는 재앙은 죄에 대한 징벌이라는 이전 선지자들의 가르침은 경험에 비춰보면 점점 더 의문의 여지가 많아졌던 것이다. 강한 나라가 약한 나라에 비해 훨씬 덜 정의롭기 때문이다. 사악한 사람들이 안녕과 번영을 구가하는 사이 정의로운 사람들이 가장 불공정한 대우를 받곤 한다. 이 문제에 대한 해답은 아직 없지만 '정의로운 사람이 언젠가는 자신의 믿음으로 살 수 있을 것'이라는 말은 믿음에 중요한 영감을 주었다.

# 예레미아 *Jeremiah*



이사야를 제외한 두 사람 이상의 예언자의 글을 담은 책으로 구약 중에서 가장 긴 예언서가 예레미아다. 예레미아서는 예언적인 이야기 외에도 전기적·역사적인 자료들을 아주 많이 담고 있다. 이 자료들은 다른 어떤 예언서들보다 글쓴이의 개성을 강하게 나타내기 때문에 특히 가치가 있다. 나아가 이 책은 예레미아의 생애에 일어난 주요 사건들에 관한 정보를 담고 있어 더욱 중요하다.

예레미아의 삶과 가르침은 유대교와 기독교 모두의 발전에 깊은 영향을 끼쳤다. 신약에서 예수와 바울은 예레미아로부터 특정 사상을 받아들였을 뿐 아니라 종교의 의미를 해석하는 데에도 이를 중심적인 위치에 놓고 있다. 이러한 이유로 예레미아는 가장 위대한 유대의 예언자 중 한 명으로 간주되고 있다.

예레미아가 살던 시대는 유대 역사에서 가장 위험한 시기였다. 그의 공적 사역은 요시야 왕(기원전 640년 – 609년) 시기에 시작되어 예루살렘이 망해 바벨론의 속국이 된 이후의 어느 기간까지 이어진다. 그는 여호야긴 왕(기원전 609년

- 598년)과 시드기야 왕(기원전 597년 - 586년)의 강력한 반대에 부딪혔으며, 생명의 위협도 받았다. 예루살렘이 멸망하자 그의 백성들 중 많은 수가 포로가 되었지만 바벨론은 그에게 조국에 머물도록 허락했다. 나중에 그는 자신들의 안전을 위해 예루살렘을 탈출한 일단의 추방자들에 의해 타의로 이집트로 가게 되었다. 이집트에서 예레미아는 길고도 고생스러운 생애를 마감했다.

예레미아서에 담긴 내용은 신탁, 연설, 기도문, 훈계, 그리고 예언자 자신이 했던 말들을 모은 것이다. 주제나 연대기적인 고려 없이 나열된 이 책은 예레미아의 글과 관련은 있으나 다른 사람들이 쓴 것들이 포함된 자료들로 점철되어 있다. 여기서는 예레미아의 가르침에서 중요한 사상들을 정리해 보기로 한다.

이 책은 예레미아가 선지자로 부름을 받는 이야기로 시작된다. 이 부분은 예레미아의 만년을 회고하면서 쓰여지는데, 이 시기에 예레미아는 자신이 태어나기 이전부터 야훼는 그가 해야 할 일에 대한 계획을 가지고 있었다고 믿었다.

예레미아의 초기 예언들은 스바냐의 그것처럼 스키타이인들의 공격으로 위협받는 유대에 대한 내용이었을 것으로 믿어진다. 그는 백성들이 저지른 죄의 대가로 조국이 완전히 망할 것으로 생각했다. 이에 관한 그의 예언이 이루어지지 않자 그는 거짓 선지자라는 비난에 놓이게 된다.

　　예레미아가 선지자의 사역을 시작한 지 몇 년 되지 않
았을 때 예루살렘 사원에서 중요한 문건 하나가 발견되었다.
이 문서의 중요 부분은 바로 신명기로, 야훼의 말씀인 것으로
선언되었으며, 요시야 왕은 그것을 나라의 법률로 제정했다.
한동안 예레미아는 요시야 왕의 결정에 열광했다. 그 법률은
여러 나라 전역에 만연했던 사회적 부조리를 고치려는 것이었
을 뿐 아니라 이교도적인 신앙으로부터 야훼에 대한 숭배가
훼손되지 않도록 보호하는 것이었다. 이 법률의 시행은 당연
히 거대한 개혁이 따라야 할 것으로 기대되었다. 예레미아는
새로운 법률이 도입되는 전후의 사정을 지켜보고 있었다. 차
츰 그는 사람들의 행동이 이전보다 더 나아진 것이 없음을 깨
닫게 되었다. 유대인들의 삶에서 예레미아의 종교관과 그 목
적이 어떤 중요한 결론에 이르는 관찰이었다. 신명기적인 개
혁이 실패한 이유는 그 법률의 성격 때문이 아니라 사람들의
삶을 지배하는 동기에 있었다. 인간 본성에 관한 예레미아의
관념은 그의 언급에서 잘 나타나 있다. "에티오피아인들이 피
부색을 바꿀 수 없고 표범이 반점을 바꿀 수 없다. 악행을 타
고난 사람이 선을 행할 수도 없는 것이다." 사람은 머리보다
는 욕망을 따르도록 되어 있다. 이 때문에 사람들은 경험을 통
해 가슴을 바꾸기 전에는 악행을 바꿀 수 없는 것이다. 나아가
예레미아는 사람들은 스스로 자신을 바꿀 수 없다고 주장했다.
이런 개혁은 야훼 하나님의 도움을 받아야만 일어날 수 있다.

야훼의 도움은 인간이 이것을 원한다고 깨달을 때만 가능하다. 인간 본성의 이러한 내적인 개혁 없이는 모든 개혁 움직임은 실패하기 마련이다.

예레미아는 고향 아나돗을 떠나 예루살렘에 살면서 유대의 정치, 종교 지도자들로부터 지속적인 반대에 부딪힌다. 이러한 반대를 불러온 것은 사원과 그 안에서 행해지는 의식에 관한 한 번의 연설—어쩌면 일련의 연설—때문이었다. 예배의 형식성과 그것이 사람들의 정신적인 삶을 바꾸지 못한다는 이유로, 예레미아는 사람들에게 정신을 차리게 하기 위해서는 아주 극적인 어떤 조치를 취해야 한다고 주장했다. 사람들은 사원을 신뢰하고 있었다. 사원이 그들 가운데에 남아 있는 한, 악이 그들에게 오지 않으리라는 믿음이었다. 종교의 진정한 의미는 외적인 요구조건에 부합하는 것이 아니라 내적인 변화에 있다는 것을 사람들에게 이해시키기 위해 예레미아는 사람들이 외적인 것에 바치는 믿음을 훼손시키는 것이 필요하다고 느꼈다. 그래서 이 선지자는 사원이 붕괴될 날이 가까웠다고 선언했다. 약속의 방주는 사라졌으며 야훼가 선택한 나라는 노예가 될 것이다. 이러한 언급들이 사제들과 여호야긴 왕의 분노를 샀다.

예레미아는 반역죄로 기소되었으며 적들의 분노가 가라앉을 때까지 친구들이 숨겨주지 않았다면 죽음에 이르렀을 것이다. 예레미아는 대중 앞에 나타나는 것이 더 이상 안전하지 않다고 판단되었을 때 여호야긴 왕과 그의 추종자들의 정책을 신랄하게 비난하는 일련의 신탁을 발표했다. 그리고 이것이 고쳐지지 않는다면 어떤 일이 일어날지 경고를 보냈다. 이 신탁을 기록한 두루마리가 사자에 의해 왕에게 전달되고 왕의 면전에서 큰 소리로 낭독되었다. 여호야긴 왕은 불쾌해졌다. 읽던 사람으로부터 두루마리를 빼앗은 왕은 그것을 찢은 다음 불 속으로 집어던졌다. 왕이 한 일을 전해 들은 예레미아는 전체 문건을 다시 구술하여 여호야긴 왕에게 특별 경고를 덧붙여 다시 한 번 읽도록 보냈다.

예레미아가 일생 동안에 가르친 것 중에 새로운 계약에 관한 것보다 더 중요한 것은 없다. 31장을 보면 다음과 같다. "하나님이 말씀하시기를 '때가 오고 있다.' '그때 나는 이스라엘과 유대와 새로운 계약을 맺을 것이다.'" 이전의 계약은 멀리 모세로 거슬러 올라가는 법령에 기초한 것으로 백성들이 모든 계명을 지키겠다는 야훼와 이스라엘 백성과의 계약이었다. 그러나 이스라엘 백성들은 계약의 조건대로 살지 않았으며, 예레미아는 사람들이 그렇게 살지 못하는 이유를 알고 있다고 믿었다. 그것은 인간 본성의 일부인 욕망과 그릇된 동기 때문이다. 야훼와 올바른 관계를 불러오는 유일한 방법은 마음의 변화다. 다시 말하면 새로운 심성을 가지는 것이다. 그러한 변화는 사람들이 스스로 할 수 없는 것을 이스라엘 백성들에게 해주겠다는 야훼의 약속이 담긴 새로운 계약에 의하지 않고는 얻을 수 없다. "나의 법률을 그들의 마음과 가슴에 새길 것이니라. 나는 그들의 하나님이 되고 그들은 나의 백성이 될 것이니라." 야훼의 말을 예레미아는 이렇게 전하고 있다. 이것이 이루어지면 사람들에게 그들이 어떻게 행동해야 하는지를 알려주는 구체적인 규칙이 필요가 없게 된다고 예레미아는 결론지었다. 본성이 바뀌고 올바른 욕구가 그들 내부에 자리하게 되면 사람들은 어떤 상황에서든 도덕적으로 옳고 그름을 알 수 있게 된다.

예레미아의 새로운 계약에 대한 개념과 밀접하게 관련된 것은 개인의 책임에 관한 가르침이다. 예레미아 이전의 예언자들은 사회공동체적인 관점에서 이야기했다. 즉, 야훼와 이스라엘과의 관계는 나라 전체에 관한 것이었다. 백성들 전체가 심판의 대상이 되고 처벌을 받든가 상을 받는다는 것이었다. 예레미아는 유대인들에게 곧 다가올 징벌은 자신들의 죄 때문이 아니라 조상의 죄 때문이라는 재래의 이론에 반기를 들었다. 그는 개개인이 자신의 행동에 책임을 져야 한다고 단언했다. "그때 그들이 다시 이르기를 아비가 신 포도를 먹었으므로 아들들의 이가 시다 하지 아니하겠고."(렘 31:29)

단순한 외형적 신앙과 대비되는 개인의 종교적 체험이 예레미아의 가르침의 주된 주제였다. 그에게는 개인과 야훼의 관계는 진정한 종교적 체험에서 좀더 핵심적인 요소였다. 외형적인 신앙, 이를테면 재물이나 맹세, 성전 행사에의 참여 등은 야훼의 정신을 사람의 마음과 가슴에 담는 본성의 변화에 기여하지 못한다면 별 의미가 없다. 진정한 종교는 마음의 문제이며 신과의 올바른 관계를 정립한 사람만 체험할 수 있다.

유대 나라의 미래가 비관적이었음에도 그는 신의 섭리가 결국은 자기 백성들에 의해 이루어질 것으로 확신했다. 나라의 패망이 임박했음에도 땅을 구입하는 데서 예레미아의 희망을 엿볼 수 있다.

그의 신앙생활 대부분은 기록된 기도문에 나타나 있다. 그 기도는 대부분 대화형식을 취하고 있으며, 특히 진지하고 솔직하다. 예레미아는 야훼를 향해 마음과 가슴을 열었으며, 자신이 진리라고 생각되는 것이면 무엇이든 말하기를 서슴치 않았다. 자신에 대한 야훼의 처사가 잘못되었다고 생각되면 이에 대해서도 불평을 했다. 그의 기도는 일방적인 것이 아니라 자신의 기도와 야훼의 응답이 대화형식으로 이루어진 것이었다. 그의 정직과 용기, 놀라운 통찰력이 후대 사람들로 하여금 그를 높이 평가하게 만들었다.

# 에스겔서 *Ezekiel*



에스겔서는 예언서들 가운데에서 가장 논리적인 문건이다. 이는 세 개의 단원으로 구성되어 있는데, 각각 다른 주제를 담고 있다. 1장-24장은 예루살렘의 멸망, 25장-39장은 다른 나라들에 전하는 일련의 신탁과 이스라엘의 미래를 다른 나라들과 대비시켜 마무리하고 있다. 40장-48장의 마지막 부분은 사원 재건계획과 수복한 나라의 재건을 담고 있다.

에스겔은 기원전 597년에 처음 바벨론으로 잡혀온 젊은 중 하나였다. 그는 그발 강둑 부근에 살도록 허용된 추방된 유대인 집단에서 신앙 상담일을 했다. 에스겔서에 담긴 대부분의 내용은 예언자 자신이 쓴 것이라는 사실에 학자들 대부분이 동의한다. 한동안 그들은 그가 식민지에 기거하면서 전체를 쓴 것으로 믿었다. 그러나 최근의 학자들은 적어도 첫 단원에 실린 몇 장은 예언자가 기원전 586년에 예루살렘이 멸망할 때까지 거기에 남아 있던 사람들에게 전한 연설이라는 몇 가지 근거를 지적했다.

이 책은 에스겔이 예언자적 사명을 받은 환상에 대한 설명으로 시작된다. 에스겔은 자신의 환상을 야훼의 권능을 상징하는 정교하면서도 복잡한 이미지로 설명하고 있으며, 이 땅의 모든 나라를 지배하는 야훼의 권능을 선언하고 있다. 그러한 환상에 압도당한 예언자는 고개를 떨구었다. 목소리 하나가 그를 불렀다. "사람의 아들아, 내가 너를 배반의 나라, 나를 배반한 이스라엘로 보내노라 ─그들은 자신들 중에 예언자가 있다는 것을 알게 될 것이니라." 다음으로 에스겔은 두루마리 문서 하나를 받는다. 거기에는 '비탄과 슬픔과 비애'라는 글자가 쓰여 있었다. 두루마리를 삼키라는 목소리가 들려왔다. 그가 그렇게 하자 꿀처럼 달았다. 마침내 에스겔은 그가 선포해야 할 메시지가 임박한 재앙의 전조임에도 여전히 자신은 단맛을 즐기고 있다는 것을 알았다.

처음 예루살렘이 패망한 이후에 그곳에 남은 사람들은 자신들이 바벨론으로 끌려간 동포들보다 행복하다고 스스로를 위로했다. 그들은 야훼가 외세로부터 그들을 보호해 줄 것이며, 예루살렘 도시나 유대 나라는 결코 무너지지 않을 것이라고 믿었다. 에스겔이 할 일은 도시가 분명히 무너질 것이며 왜 무너져야 하는가 하는 이유를 그들에게 분명히 밝혀 그들의 환상을 깨주는 것이었다. 이를 위해 예언자는 여러 가지 상징적인 일들을 했다. 예를 들면, 타일 위에다 예루살렘이 함락된 그림을 그려 거리를 지나는 사람들 모두가 잘 볼 수 있는 곳에 놓아두었다. 그는 390일 동안을 왼쪽으로 누웠으며, 그리고 40일 동안은 오른쪽으로 누웠다.

에스겔은 설명했다. 왼쪽으로 눕는 하루는 북이스라엘이 1년 동안 노예생활을 하게 될 것이며, 오른쪽을 눕는 하루는 남왕조인 유대가 1년 동안 노예생활을 하게 될 것이다. 그는 머리를 잘라 세 갈래로 나누었다. 이것은 북이스라엘과 예루살렘에 남아 있는 유대인들, 그리고 바벨론으로 포로로 잡혀가는 사람들을 상징한다. 그는 자신의 음식을 제한했으며, 가구를 집 밖으로 내었고, 곧 예루살렘 도시에 덮칠 재앙을 나타내는 여러 행동들을 했다.

이 예언자에 의하면 이미 포로가 된 사람들과 예루살렘에 남아 있는 사람들에게 닥칠 포로의 운명은 사람들이 야훼의 법률을 어겼기 때문이다. 에스겔은 야훼의 법률이 이 땅의 모든 나라들을 절대적으로 지배한다고 믿었으므로 야훼의 명령을 어기고도 응당한 처벌을 받지 않는다면 신의 명예를 침범하는 것이 된다. 이를 어긴다는 것은 에스겔로서는 아주 심각한 일이었다. 이는 징벌에 관한 그의 언급이 다음과 같은 말로 끝나고 있음에서 나타난다. "너희들은 내가 하나님이라는 것을 알게 될지니라."

예루살렘은 그 지은 죄로 필히 멸망하게 될 것이다. 이들 죄를 열거하면서 그는 도덕적인 죄와 의식을 어기는 죄 중에서 특히 의식에 해당되는 것에 비중을 두었다. 그는 이방신을 섬기는 우상숭배를 비난했으며, 금지된 고기를 먹거나 신앙과 관련된 규칙을 어기는 자들을 책망했다. 불결한 것을 직접 접촉한다는 것은 야훼의 성스러움을 오염시키는 것이고 거룩한 이름을 더럽히는 것이 되며, 이는 야훼가 결코 참지 않을 것이다.

에스겔도 예레미아와 마찬가지로 개개인의 야훼와의 관계를 중요시했다. 아들 때문에 아버지가 처벌받는다는 것과 아버지 때문에 아들이 처벌받는다는 것에 반대하면서 죄 지은 영혼은 죽음에 이른다고 감히 주장했다. 나아가 그는 사람의 전 생애는 마지막 행동으로 평가된다는 주장을 하기에 이르렀다. 전반적으로 나쁘게 살아온 사람이라도 죽기 직전에 악에서 벗어나 올바른 일을 한다면 모든 악행이 기억되지 않고 정의로운 사람으로 심판받을 것이다. 반대로 평생을 올바르게 살다가 죽기 전에 악으로 돌아선 사람의 경우도 마찬가지다. 그가 행한 모든 선행은 기억되지 못한다.

예루살렘 도시의 멸망은 한 가지 문제를 던져준다. 사원의 가장 성스러운 곳에 야훼가 존재하기 때문에 그곳은 결코 무너지지 않으리라고 믿었던 사람들에게 특히 그러했다. 그들은 1세기 이전에 시온의 도시인 예루살렘은 영원하리라고 선언했던 이사야의 말을 떠올렸다. 예레미아에게는 그 말이 별 의미가 없었다. 야훼가 있는 곳은 인간의 가슴이지 사원이란 특별한 장소가 아니었다. 이러한 생각이 에스겔서에서 완전히 사라지지 않은 반면, 이 예언자는 야훼가 다른 장소가 아닌 사원에 거할 것이라고 믿었다. 그러나 야훼가 거하는 곳이라면 어찌 사원이 몰락할 수 있겠는가? 에스겔에 의하면 야훼는 그곳을 떠나 외부의 산에 거하고 있어 사원이 무너질 수 있었다.

다른 나라에 관한 장에서 에스겔은 탁월한 메시지 하나를 전하고 있다. 그 나라들도 유대인들과 마찬가지로 야훼의 주권 하에 있다. 외세들이 야훼의 절대권능을 깨닫지 못한다고 해서 운명을 피할 수 있는 것은 아니다. 궁극적으로 그들은 멸망할 것이며, 이는 그들에게 '내가 하나님이라는 것을 깨닫게' 해줄 것이다. 에스겔의 생각으로 야훼는 만유(萬有)의 신이지만 이 보편성은 야훼가 다른 나라들과도 이스라엘과 같은 관계를 유지하는 것은 아니다. 이러한 면에서 에스겔의 관점은 민족적이다. 야훼가 이스라엘을 징벌하는 것은 그들이 배우기를 거부하는 것을 다른 방법으로 가르치기 위함이다. 그러나 다른 나라들의 경우에는 징벌이 그들을 깨우치기 위한 가르침이 아니다. 그들에게는 다가올 파멸이 마지막이 될 것이며 어떤 개선을 기대할 수 없다. 이스라엘의 경우에는 아주 다른 일들이 일어날 것이다. 야훼가 그들을 변화시켜 그들의 가슴에 자신의 영혼을 심을 것이다. 이러한 회복은 북왕조나 유대인 모두에 해당된다. 앙상한 뼈의 계곡에 대한 환상에서 에스겔은 모든 이스라엘의 완전한 회복을 주창한다. 이스라엘 사람들은 조국으로 돌아가 무너진 왕국을 재건하며, 야훼는 그들 가운데에 영원히 거할 것이다. 모든 다른 나라들의 마지막 멸망은 곡과 마곡이 이끄는 엄청난 군대가 회복된 예루살렘 도시를 함락하려고 할 때 일어난다. 침략자들의 승리가 가까운 것처럼 보이는 결정적인 순간에 야훼가 나타나 모든 외세들을 완전히 격파한다.

에스겔서의 마지막 8개의 장은 예언자가 본 대로 회복된 상태를 기술하고 있다. 사원은 예루살렘 중심가 밖에 세워질 것이며, 야훼가 거하는 장소를 더럽힐 수 있는 사람과 물건을 멀리할 수 있도록 세워질 것이다. 이 부분에서 에스겔은 사원을 보호하기 위해 오직 자격 있는 사람만 사원으로 들어갈 수 있도록 사제와 레위 사람을 분간하는 방법을 소개한다. 최고의 관직은 왕이 아니라 사제가 될 것이다. 그리하여 정치적인 문제는 언제나 종교적인 고려 다음이 될 것이다.




에스겔은 흔히 유대교의 아버지로 불린다. 이스라엘 종교에 대한 그의 영향력은 오랫동안 다른 어떤 예언자보다 컸다. 성스러움에 대한 그의 개념은 이사야와는 대비가 되는데, 백성들이 바벨론에서 돌아온 이후에 지배적인 사상이 되었다. 에스겔의 사상은 그렇지 않아도 보편적이었던 유대인들의 민족주의, 배타주의를 강화하는 계기가 되었다.

모든 나라를 멸망시킨 후 이스라엘이 최후에 승리하리라는 그의 개념은 포로생활에서 돌아온 후에 더욱 강화되었으며, 모든 민족을 정의와 불의로 나누었다. 정의의 민족은 야훼의 법률을 따르는 자들이며, 불의의 민족은 따르지 않는 자들이다. 이 사상은 후일 유대교의 성격을 규정하는 데 기여했다.

사원과 나라의 재건이라는 에스겔의 계획은 추방자들이 돌아온 이후 상당히 진척되었다. 여기서는 왕보다 사제가 더 큰 정치적·종교적 책임을 가지고 있었다. 노예들이 사원의 잡일을 하는 것도 금지되었다. 레위족만이 사원에 들어갈 수 있었다. 그의 사상은 그의 가르침 이후 수세기 동안 종교적인 생활을 규정할 정도였다.

# 제2 이사야 *Deutero-Isaiah*



이사야서 40장-55장은 바벨론 포로시절 유배지의 유대인들과 함께 살면서 쓴 것으로 믿어지고 있다. 이 예언자의 실명은 알려지지 않고 있으며, 초기 예언서인 이사야서 모음집에 포함되어 보존되기 때문에 흔히 제2 이사야라고 부른다. 이 유배지의 예언자가 쓴 장들은 구약 전체를 통해서도 가장 고귀한 종교적 사상을 담고 있다. 이 예언자는 순수한 유일신론자였다. 그는 야훼가 유대인들에 속한 신이라는 사상을 배격하면서 야훼를 우주에서 유일의 진정한 신이라고 크게 외친다. 소위 다른 나라에서 말하는 신은 상상이 만들어낸 허구에 불과하다. 그는 이스라엘 사람은 야훼의 하인이라고 할 정도로 독특한 관념을 가지고 있으며, 이들의 일차적인 사명은 땅끝까지 종교를 전하는 것이다. 그는 역사를 명쾌하게 해석했다. 비록 앞선 예언자들의 가르침을 함축한 것이기는 하지만 누구보다 명쾌하게 언급하고 있다. 그는 아무리 공정하게 해석해도 사람들의 고통이 죄로 인한 징벌이라고 설명될 수 없는 것에 대해 새로운 개념을 도입했다.

제2 이사야는 유배지에서 야훼가 자기들을 완전히 버

렸거나 그것이 아니라면 야훼의 권능이 바벨론의 더 위대한 신에게 굴한 것이 아닌가, 하며 절망에 빠진 백성들에게 희망과 용기를 주어야 하는 과제에 직면했다. 이처럼 상심한 사람들에게 제2 이사야는 외쳤다. "여기에 너희들의 신이 계시다!" 그는 야훼가 유배지의 백성들을 버리지 않았으며 바벨론의 신이나 다른 어떤 힘에도 굴하지 않았다. 야훼는 만유의 절대자이며 땅 위의 모든 나라들이 그에게 속한다. "분명 나라들은 양동이의 물방울과도 같다. 그들은 저울의 먼지와도 같다." 그리고 다시, "그의 앞에서 모든 나라들은 아무런 의미도 없다. 그의 앞에서 그들은 쓸데없으며 아무것도 아닌 것보다 못하다." 제2 이사야는 사람이 만든 우상 앞에 절하는 사람들과 우상을 신의 표상이라고 부르는 사람들을 조롱했다. 유일의 진정한 신은 상으로 나타낼 수 없다. 왜냐하면 자연에는 그에 비견될 어떤 것도 존재하지 않기 때문이다. 야훼는 하늘과 땅을 창조한 존재다. 존재하는 모든 것은 그에 의해서다. 그만이 창조의 권능을 가지며, 그의 목적만이 역사의 분별력이 된다. "그는 땅 위에 왕좌에 거하시며 그 백성들은 메뚜기와 같다… 그는 이 땅의 군주들을 마음대로 없애거나 줄일 수 있다."

포로생활에 지치고 고향으로 돌아갈 날이 결코 오지 않으리라는 생각으로 절망에 빠진 사람들에게 제2 이사야는 위안과 희망의 메시지를 전달했다. 전쟁이 끝날 때가 되었으며, 그들에 대한 징벌도 끝났다. 야훼가 선언하기를 포로생활은 이미 지나친 징벌이었다. 그리하여 그는 바사의 사이프러스 왕을 찾아가 자신들의 자유를 위해 적절한 조치를 요구한다. 이제 야훼는 자신이 직접 그들을 인도할 준비를 한다. 그는 그들 앞에 나아가 거친 장소를 부드럽게 하며 홀로 여행할 수 없는 자들을 위해 그의 가슴으로 그들을 데려간다.

야훼의 절대권능으로 이 땅을 다스린다는 개념은 제2 이사야의 역사관에서 나타난다. 사람들은 일이 되어가는 과정을 다스릴 수 있다고 믿지만 오산이다. 야훼가 역사를 이루는 사건을 다스린다. 비록 그 명령이 기계적이라기보다는 도덕적이지만, 그리고 사람들에게 선택을 허락하지만 거기에는 불변하는 인과관계가 성립되어 있다. 야훼의 권능과 선지는 다른 나라의 신들과는 비교가 되지 않는다. 이 점을 언급하면서 제2 이사야는 야훼에 관해 말한다. "옛것을 기억해 보라, 아주 오래 전의 것들을. 나는 하나님이니라. 나와 비교될 수 있는 것은 없나니. 나는 처음부터, 아주 오래 전부터 마지막을 알고 있나니. 앞으로 다가올 일들을. 내가 말하노니, 나의 목적은 여전히 변하지 않으며 내가 하고자 하는 일을 할 것이니라."

"고난 받는 하인의 노래"라는 연작시에서 그는 이스라엘 종교사상에 가장 위대한 기여를 하고 있다. 그는 상대적으로 무고한 사람들에게 가해지는 부당한 고난에 대해 그 목적과 기회를 언급하고 있다. 그 문제는 하박국을 괴롭혔던 것이다. 왜 정의가 고난당하며 불의가 번영하는가? 그 문제는 바벨론 포로들에게는 중요한 문제였다. 많은 잘못으로 인해 포로생활을 하게 되었다고 하더라도 자신들을 포로로 잡은 나라보다 덜 정의롭거나 더 사악하지는 않다. 만약 고난이 죄의 대가라면 포로생활에서 경험했던 것과는 다른 방식으로 나타나야 했다. 제2 이사야는 때로 고난이 죄의 정당한 징벌일 수 있지만 모든 고난이 그러하지는 않다고 주장했다. 이스라엘 사람들의 포로생활을 염두에 두면서 그는 그들이 저지른 잘못에 대한 징벌 이상의 그 무엇을 보았다. 그는 포로생활을, 자신들을 구속했던 사람들에 대해 너그럽고 고매한 무언가를 베풀 수 있는 기회로 보았다. 이스라엘인들이 죄로 인해 고난 받는 대신에 이것을 다른 사람의 죄에 대한 자발적인 고난의 기회로 본 것이다. 이러한 고난은 정의의 원칙들이 조화를 이룰 새로운 방식의 삶에서 이스라엘의 적들을 이길 수 있는 방법이다.

　　　자발적 고난이라는 제2 이사야의 사상은 적어도 포로생활을 일부나마 설명할 수 있는 새로운 방법이었다. 그들이 경험한 고난을 통해 하나님의 목적을 실현한다는. 예언자는 이스라엘을 하나님의 종이며 선민으로 보았다. 동시에 다른 방법으로는 어찌 할 수 없는 사람들에게 종교를 전하기 위해 고통이라는 과제도 받았다. 힘이나 논쟁으로 얻을 수 없는 것들은 죄 지은 사람들을 대신해서 고통을 받는 것과 같은 사랑의 힘으로 얻을 수 있다. 야훼에 관해 언급하면서 제2 이사야는 이스라엘과 유대인들에게 말한다. "너희가 나의 종이 되어

야곱의 부족을 다시 세우고 내가 지키는 이스라엘로 돌아가게
하는 것은 아무것도 아니다. 나는 이방인들에게도 너희로 하
여금 빛이 되어 나의 구원을 땅끝까지 전하게 하려는 것이다.”




　　제2 이사야는 구약의 어떤 예언자보다 숭고한 종교의
경지에 이른 사람이다. 그는 야훼를 하늘과 땅의 창조자로 모
든 존재의 근원으로 해석했다. 역사도 의미 없는 사건의 연속
이 아니라, 신의 목적을 구현해 나가는 과정인 것이다. 제2 이
사야의 위대한 업적은 고난에 대한 해석이다. 고난은 일차적
으로는 자신의 몫이지만 그들의 고난은 다른 민족에 대해 진
정한 종교의 정신을 알리는 기회가 된다. 그도 다른 선지자들
과 마찬가지로 하늘의 목적이 이루어질 것으로 확신했지만 방
법에서 달랐다. 남의 고통을 대신한다는 것은 대부분의 사람
들에게는 너무나 숭고한 이상이지만 이것이 후일 기독교 신앙
의 기초가 되었다. 나사렛 예수는 말하자면 남의 죄를 대신해
서 고난을 당한 가장 확실한 사례다. 이 사상을 제2 이사야는
바벨론 포로생활을 하던 사람들에게 설파했던 것이다.

# 포로생활 이후의 선지자들



　　구약의 선지자들은 바벨론 포로생활 이전 또는 포로생활 동안에 위대함의 절정에 이른다. 예레미아, 에스겔, 그리고 두 사람의 이사야는 이스라엘 사람들의 종교적인 발전에 심대한 영향을 미치고 있다. 포로생활 이후의 기간에는 많은 선지자들이 활발하게 활동한 것이 특징이다. 그 중 일부는 현재 구약에 보존되어 있는 글을 쓰기도 했다. 전반적으로 이 선지자들은 시야가 한정되어 있으나 그렇지 않은 사람들도 있다. 그리고 이 시기에 속하는 글들은 비록 글쓴이가 알려지지 않았지만 어느 예언적인 글에서보다 훌륭한 통찰력을 가지고 있었다. 이 장에서는 구약에서 이름이 거론되는 사람들에 관해서만 논하기로 한다.

　　**학개** Haggai 포로들이 바벨론에서 돌아왔을 때 에스겔과 제2 이사야가 행복과 물질적인 번영을 그토록 약속했음에도 불구하고 그들은 참혹한 일들을 많이 경험하게 된다. 유배지에서 바사의 사이프러스 왕이 지원과 용기를 주었음에도 불구하고 그들이 조국으로 돌아왔을 때에는 비참한 상황이 기다리고 있었던 것이다. 땅은 황폐했고, 건물은 무너졌으며, 남아 있던 사람들은 조심성이 없고 종교적인 의무 같은 것에는 관심이 없었다. 설상가상으로 이웃 나라들은 유대에 적대적인 태도를 취하기 시작했다. 도시성벽을 재건하면서 벽돌과 모르타르 작업을 할 때에도 유대인들은 무기를 가까이에 두고 있어야 했다. 이런 상황에 등장한 것이 야훼의 대변인 학개였다.

학개의 메시지는 기본적으로 야훼가 거할 성전 재건을 하지 않으려는 사람들에 대한 책망이었다. 사람들은 학개의 메시지에 반응하기 시작해, 새로운 의욕으로 일에 착수했다. 일손과 재료가 부족했지만 그들은 주어진 상황에서 최선을 다했다. 일이 끝나자 학개가 말했다. 비록 그들이 세운 건물이 이전의 건물에 비해 초라하지만 야훼는 그들과 함께 하실 것이다. 언젠가는 야훼의 약속이 온전하게 이루어질 것이다.

**스가랴** Zechariah 유배지에서 돌아온 사람들에게 학개와 함께 희망과 용기의 메시지를 전한 사람은 스가랴였다. 그의 상황분석은 당대 사람들보다 훨씬 심오했다. 스가랴는 이스라엘의 희망을 이루기 위해서는 성전 재건 이상의 것이 필요하다고 생각했다. 사람들 마음속에 스스로 악행을 정화시키는 도덕적인 개혁이 이루어져야 한다고 믿었다. 나아가 사람들이 적이라고 생각하는 외세를 굴복시켜야 했다. 그러나 이스라엘의 무력으로써가 아니다. 때가 이르렀다 싶으면 야훼가 이들을 무찌를 것이다.

스가랴의 메시지는 8개의 환상으로 나타나는데, 각각은

사람들의 미래와 관련된 상황을 상징했다. 이 환상 중 하나에서 선지자는 천사가 측량사로 나타나 예루살렘 지역을 측량하고 성벽의 선을 긋는 것을 보았다. 다른 천사가 말했다. 이 도시에는 야훼의 보호만 있으면 되기에 성벽이 필요없다고. 다른 환상에서 고위 사제 여호수아가 더러운 옷을 입고 천사 앞에 섰다. 여호수아 오른편에는 사탄이 서 있었다. 사탄은 여호수아와 그를 섬기는 사람들을 고발한다. 천사는 그의 고발을 받아들이지 않는다. 여호수아는 이제 사람들의 죄에 대해 용서를 비는 것을 상징하는 흰 예복을 입고 있다. 다른 환상은 악의 세력들의 몰락을 상징한다. 야훼가 스룹바벨에게 보내는 메시지 중 가장 의미 있는 말은 다음과 같다. "이는 힘으로 되

지 아니하며 능으로 되지 아니하고 오직 나의 신으로 되느니라."

**말라기** Malachi  이름 모를 선지자가 유배지에서 돌아온 사람들에게 그들이 당면한 상황에 대해 말한다. 그가 말라기로 알려지고 있는데, 말라기는 그의 이름이 아니다. 그 단어가 '메신저'라는 뜻이기 때문이다. 그리고 미래에 대한 예언에서 그는 야훼의 날에 앞서 선지자가 나타날 것이며, 그가 이를 위해 사람들을 준비시킬 것이라고 말한다. 후일의 편집자들은 그가 바로 자신의 이야기를 하는 것으로 잘못 생각하여 그 이름을 붙이게 되었다. 그는 위대한 선지자는 아니었으나 자신의 메시지를 전달받는 사람들에게 용기와 꾸짖음의 말을 함께 남겼다. 이스라엘 사람들에게 내린 모든 불행에도 불구하고 야훼는 여전히 그들을 사랑한다고 주장했던 말라기는 에돔 사람들이 엄한 벌을 받은 사실을 상기시켰다. 이는 이스라엘 사람들에게는 좋은 소식이었다. 왜냐하면, 그들은 도와야 할 사람들을 배반한 반역자인 에돔 사람들을 경멸했기 때문이다. 선지자는 야훼의 말을 인용했다. "나는 야곱을 사랑했지만 에서는 미워했다. 그래서 나는 그의 산들을 황무케 하였고 그의 산업을 광야의 시랑에게 붙였느니라."

말라기에 의하면 야훼가 이스라엘로부터 그렇게 오랫동안 축복을 거둔 것은 병들고 약한 동물들을 제물로 너무 많이 바쳤기 때문이다. 야훼의 요구는 가장 훌륭한 것이다. 야훼가 그들을 축복하지 않은 또 다른 이유는 십일조와 헌물을 바치는 태도에 있었다. 여기서 선지자는 하나님의 것을 훔쳤다며 백성들을 책망했다. 또 어떤 남자들은 외국 여인과 결혼하기 위해 아내와 이혼했다. 이는 야훼의 의지와 상반되는 것이다. 많은 사람들이 이처럼 부주의하고 아랑곳없게 되자 이 선지자는 이방인들에게서조차 야훼의 이름이 이스라엘 사람들에게서보다 더 영광을 얻고 두려움의 대상이라고 말한다. 이스라엘 사람들이 이를 회개하고 모든 잘못을 고친다면 야훼는 하늘의 창을 열어 사람들이 받을 수 없을 정도의 축복을 내릴 것이다. 이 축복에는 풍족한 결실과 가축의 증가와 질병으로부터의 자유로움 등이 포함될 것이다.

**오바댜** Obadiah  오바댜의 글은 책에서 하나의 장으로 되어 있다. 보통 이런 짧은 글은 긴 글에 포함되어 다른 저자의 이름으로 보존된다. 아마도 이 경우에는 편집자들이 그 자체로 두는 것이 더 좋을 듯하다는 판단을 한 것으로 보인다. 이 글은 문학적으로나 종교적으로 볼 때 모든 선지자들의 글 중에서 중요도가 가장 낮은 편이다. 확고하게 민족주의적인 어조를 띠고 있는 이 글은 첫 장에서 에돔의 멸망을 기뻐하고 있다. 나머지 부분은 모든 적들이 멸망한 다음에 유대인들의 승리를 예언하고 있다.

**요엘** Joel  이 선지자에 관해서는 거의 알려진 게 없다. 그가 살았던 시기에 대해서도 의견이 엇갈린다. 그러나 이는 중요성 면에서 문제가 되지 않는다. 이 책은 유례없는 메뚜기 떼로 인한 재앙을 기술하는 것으로 시작해 요엘이 제사장들에게 신속하고 엄숙한 회의를 소집하는 내용으로 이어진다. 그 목적은 사람들로 하여금 회개와 개혁을 하게 하려는 것이다. 사람들이 '옷이 아닌 마음을 찢은' 후에 야훼는 모든 육체들에게 그의 신을 부어주리니, 아들 딸들은 예언을 하고, 젊은이들은 환상을 보고, 늙은이들은 꿈을 꾼다.



　　포로시대 이후의 예언자들은 바벨론 유배 직후의 수세기 동안에 형성된 다양한 사상을 담고 있기 때문에 흥미롭다. 예루살렘 성전이나 여기서 벌어지는 많은 행사들이 사람들의 종교적인 삶에서 가장 중요한 자리를 차지했다. 학개는 야훼가 거할 장소에 의해 그의 축복이 죄우된다고 믿었다. 세속과 성스러움을 구별했던 말라기는 제사장에 무게를 두었으며, 오바댜가 보는 민족주의는 이스라엘의 적들에 대한 증오를 가중시켰다.

## 역사적 문건들

    구약의 약 3분의 1은 역사적 문건들로 구성되어 있다. 모세5경과 여호수아, 사사기, 사무엘, 열왕기, 역대기, 에스라, 느헤미아 등이다. 이 문건들은 모두 유대인들의 이집트 탈출에서부터 포로생활 이후를 다루는 역사의 중요한 부분을 이룬다. 또 여기에는 천지창조로부터 이집트 노예 생활에 이르기까지 이들의 역사에서 중요한 사건들을 다루고 있는 것으로 추정된다. 유대의 선지자들은 역사에 유난히 관심이 많았다. 그 이유는 사건들의 와중에 야훼의 본성과 의지가 나타난다고 믿었기 때문이다. 이와 관련하여 율법이 역사적 장치로 제시되었다. 이처럼 구약의 예언적인 문건에는 선지자들의 이름이 붙여진 글과 함께 역사적인 이야기가 포함되어 있다.

# 모세5경 *The Pentateuch*



유대교나 기독교 모두에서 구약의 처음 5장은 비교적 최근까지도 모세의 것으로 알려져 있다. 거기에는 분명히 예외가 있지만 모세의 것이라는 데 대해서는 '고등비평'[*]운동으로 알려진 시기 이전까지는 문제되지 않았다. 오늘날의 성경학자들은 모세5경이 적어도 역사적으로 동떨어진 네 명의 저자들에 의해 독립적으로 쓰여진 것이라는 사실에 보편적으로 동의하고 있다. 이 네 건의 문서 각각에는 한 사람 이상의 저자가 있다는 많은 증거들이 존재한다. 처음 4장에서 모세가 저자라는 주장이나 암시는 어디에도 없다. 5번째 장인 신명기는 모세가 보낸 편지처럼 보이지만 그 내용은 모세 사후에 쓰여진 것임이 명백하다. 유대의 저자들은 일반적으로 그들이 저술하는 글의 내용이 오래 전에 이야기된 것처럼 쓰는 경향이 있다.

**초기의 유대 역사** 가장 초기의 네 가지 중요한 이야기

---

[*] **고등비평**: 성서를 연대, 저자 및 역사적·사상적으로 연구하는 방식으로 18, 19세기에 성행했다. 성서 원문 자체를 연구하는 '저급비평'과 대립된다.

는 초기 유대의 역사로 알려지고 있다. 필자를 알지 못하는 글은 J라는 이름을 붙였는데, 이는 그가 아마도 남쪽의 유대(Judah) 왕국의 예언자였던 때문에 그 첫 글자를 쓴 것으로 보인다. 이야기는 창세기 2장에 기록된 것처럼 천지창조로부터 시작되며 가나안 땅에 군주국이 세워지는 이야기가 포함된다. 이 역사에는 여러 독특한 특성이 있다. 야훼는 신을 나타내는 이름으로, 거칠게 의인화된 또는 사람의 형상을 한 것으로 받아들여지고 있다. 그는 육신을 가졌으며, 에덴동산을 걸었으며, 아담과 이야기를 나누며, 아브라함의 식사에는 손님으로 가기도 한다. 많은 점에서 그는 전형적으로 원시부족들의 족장을 닮았다. 사용되는 지명은 남왕조에 속하는 곳들이다. 요구되는 도덕성은 나중의 이야기에서보다는 수준이 낮다. 역사의 다양한 부분들이 하나님의 목적이 이 땅에서 구현되도록 하려는 저자의 생각을 밝히고, 그 구현이 왜 지연되는지 그 이유를 기술하는 방식으로 구성되었다.

　이 역사서는 기원전 850년경에 쓴 것으로 보인다. 여기에 사용된 원전은 당시 입수할 수 있었던 기록물은 물론이고 대를 이어 구전되던 전설이 포함되었다. 창조 이야기를 보면 남자는 흙으로 빚어졌으며, 첫 번째 여자인 이브는 아담의 갈비뼈로 만들었다. 금단의 열매와 관련된 타락 이야기에 이어 카인과 아벨의 이야기가 나온다. 땅 위에 죄가 넘치자 야훼는 대홍수를 만들지만 노아와 방주에 함께 있는 모든 것들은 구해 준다. 홍수 이후 노아는 가나안을 저주하며 셈과 야벳에게 축복을 준다.

야훼의 부름을 받은 아브라함 이야기 다음으로는 그의 이집트 여행 이야기가 이어진다. 아브라함은 고향으로 돌아온 후 아들을 낳으리라는 것과 후손들에게 가나안 땅을 상속한다는 약속을 받는다. 아브라함과 그의 아내는 나이가 들었지만 그 약속대로 이삭이 태어난다. 이삭의 두 아들 야곱과 에서는 태어나기 전에 어머니 자궁 속에서 싸움을 한다. 이는 이스라엘과 에돔 사이에 벌어지는 수세기 동안의 갈등을 나타낸다. 야곱은 장자상속권을 놓고 아버지와 형 에서를 속인다. 그리고서 그는 먼 곳으로 떠나 외삼촌 라반의 두 딸과 결혼하여 외삼촌의 재산 상당부분을 얻는다는 약속을 받는다. 가족과 함께 고향으로 돌아온 그는 형을 만나 화해한다.

야곱이 사랑하던 아들 요셉은 형제들에 의해 노예로 팔려가지만 마침내 이집트 정부에서 권력의 자리에 앉게 된다. 야곱과 그의 아들들, 그리고 가족들은 가나안에 기근이 들어 이집트로 이주한다. 후손이 늘어나자 이집트의 바로는 이스라엘 사람들의 권력이 지나치게 커지지 않을까 경계한다. 따라서 바로는 유대인들에게 감당할 수 없을 정도의 탄압을 가한다. 야훼는 모세를 불러 백성들을 데리고 압제를 피하라고 이른다. 이집트에 몇 차례 전염병이 돌자 유대인들은 노예살이를 하던 땅을 떠나 가나안을 향해 광야로 나아간다. 이 행군 동안에 겪은 여러 어려움을 기술한 후 저자는 가나안 땅에 이르러 그 일부를 차지한다는 이야기로 역사서를 마무리하고 있다.

**에브라임 자손의 이야기**　모세5경의 두 번째 이야기는 에브라임의 이야기로 알려져 있다. 이의 저자는 E로 알려지고 있는데, E는 '에브라임(Ephraimite)'의 첫 글자이며 북왕조라는 말과 바꿔 쓰기도 한다. 이 역사서에 나오는 지명이 북왕조에 속한 것이어서 저자가 그곳 태생이 아닌가 추정된다. 이 자료에 E가 붙게 된 또 다른 이유는 그것이 "엘로힘"(Elohim)의 첫 글자이기 때문이다. 모세 이전의 역사에서 신을 뜻한다. 오늘날의 다른 성경에서는 하나의 이야기에서 J와 E 역사가 뒤섞여 있기도 하다. 그러나 잘 분석해 보면 각각의 원래 역사서에 속하는 자료라는 것을 어느 정도 정확하게 알 수 있다. E 이야기는 몇 가지 특징이 있다. (하나님에 대해) 엘로힘이라는 단어를 사용하고, 북왕조에 속하는 지명이 나오고, 보다 진보된 신의 개념이 사용되고, 족장과 관련된 이야기에서 더 높은 수준이 적용되고, 우상숭배에 강하게 반대하고, 군주제의 설립에 대해 못마땅한 태도를 취하고 있다.

이 역사서는 J 문서보다 1세기 늦은 기원전 750년경에 쓰여진 것으로 추정된다. 이 두 기록은 여러 면에서 동일한 사건을 나란히 기술하는 형식이지만 E 문서는 아브라함으로부터 시작하며, 그 시기 이전에 어떤 일이 있었는지는 아무런 언급이 없다. 여기에 들어 있는  아브라함, 이삭, 야곱, 요셉 등

족장 이야기는 J 문서에서보다 훨씬 더 호의적으로 기술되어 있다. 예를 들면 이스라엘의 영웅인 이들에게 잘못이 없는 것으로 간주하는 등 J 문서에서보다 진보된 도덕성을 보이고 있다. 이삭을 제물로 바친다는 이야기는 E 문서에만 나타난다. 여기서 이 이야기의 목적은 두 가지다. 저자는 아브라함이 하나님의 뜻에 완전히 복종하는 모습을 보이고자 했고, 그리하여 신도 더 이상 인간의 희생을 요구하지 않는다는 점을 명백히 하고 싶었다. 그 자리를 사람이 아닌 동물이 대신하게 된다.

E 이야기의 걸작편은 J에서보다 훨씬 자세하게 기술된 요셉 이야기다. 이 이야기에 내재된 동기는 사람이 비록 온전히 깨닫지 못하더라도 신의 섭리가 사람의 일을 통해서 이루어진다는 것이다. E 문서에 의하면 모세는 야훼의 이름을 유대인들에게 알린다. 야훼는 족장들에게 나타났던 동일한 존재지만 모세 이전까지는 그 이름으로 알려지지 않았었다. 모세가 미디안 땅에서 오랜 체류를 마치고 돌아오자 야훼는 불타는 나무의 모습으로 그에게 나타나 바로의 압제를 피해서 자기 백성을 이끌고 가라고 이른다. 모세는 말도 느리고 이집트 집권자에게 자신의 이야기를 전할 수 없다고 하자 그의 형인 아론이 대변자가 된다.

광야를 행군하는 동안의 경험은 아주 길게 기술되어 있다. 사람들이 시내산 가까이에서 야영할 때 모세는 언덕에 올라가 야훼로부터 계명이 적힌 돌판을 받는다. 아론의 이야기와 황금 송아지 이야기는 우상숭배를 우스운 것으로 만들려는 의도로 전달된다. 모세에게는 가나안 땅에 들어가는 것이 허락되지 않았기 때문에 여호수아가 모세의 자리를 대신해 지도자가 된다. 세겜에서 열린 중요한 회의에 관해 기술하고 있는데, 여러 부족의 대표들이 그곳에 모여 연방을 결성한다는 내용이다. 이것이 사사기를 소개하는 것인데, 야훼가 지명된 자에게 자신의 의지를 직접 전달해 다스리려는 의도다. 이러한 형태는 사람들이 왕을 세우라고 요구할 때까지 이어진다.

**신명기** *Deuteronomy* D라는 이름이 붙은 세 번째 이야기는 지금의 신명기다. 다른 이야기들과 마찬가지로 이것도 여러 사람에 의해 쓰여진 것으로 보인다. 특징은 이 책의 핵심을 이루는 율법 부분이다. 이 율법들은 12장-26장에 기록되어 있다. 5장-11장은 율법의 소개 부분이다. 나머지는 나중에 원전에 추가된 것으로 믿어지는데, 이는 전체의 책이 창조에서부터 포로생활 이후까지를 아우르는 온전한 역사로 간주되도록 하려는 의도에서였다.

서문에는 여기에 기술된 이야기는 모세가 한 말이라고 적혀 있으나 신명기의 내용은 다른 이야기를 들려주고 있다. 전부는 아니지만 열거된 구체적인 율법의 상당수가 모세 시대에는 맞지 않는 것들이며, 오히려 모세 이후 오랜 기간이 흐른 다음의 상황을 다루기 위한 의도였다. 예를 들면 성전에서 율법서를 발견한다는 이야기는 열왕기 하 22장에 기록되어 있는 것으로, 신명기의 참고서였던 것으로 보인다. 만약 이 이야기가 맞는다면 이 율법은 기원전 8세기경에 예언자 아모스, 호세아, 이사야가 그토록 강력히 반대하던 상황을 개선하기 위해 만들어진 것이다. 이 율법에서 특히 눈에 띄는 것은 지정된 사람 외에는 제물을 바치지 못하도록 규정한 중앙 성소라는 곳이다. 저자는 분명히 예루살렘에 있는 성전을 염두에 둔 것이다. 그러나 그 이름을 거론한다는 것은 모세의 문서로는 부적절했다. 요시야 통치기간 중에 이 율법서가 발견되기 전까지는 이 독특한 율법이 존재하지도, 시행되지도 않았던 것이다.

다른 하나의 중요한 율법은 면제년으로 알려진 것이다. 매 6년의 기간이 끝나면 빚을 갚기 위해 빼앗긴 모든 재산을 원 소유주에게 돌려주어야 하는 제도다. 이 법률은 소수에 의한 과도한 부의 축적을 방지하려는 의도 외에도 불행한 여건 하에서 재산을 빼앗긴 사람들에게 새로운 기회를 부여하려는 것이었다. 나머지 율법은 무고당한 사람들을 보호하려는 것들이다. 다른 도시로 도망을 가면 피고소인은 그 사건이 철저히 조사되기 전까지는 안전할 수 있었다.

신명기의 모든 율법들이 도덕적인 것과 관련된 것은 아니었다. 특정 고기를 먹지 말라거나, 같은 땅에 씨앗을 섞어서 뿌리지 말라거나 의식, 여러 행사 등의 의무들이 다른 율법들과 함께 담겨 있다. 이 율법의 민족주의적인 성격은 유대인과 비유대인에게 요구하는 것이 다르다는 점에서 나타난다. 예를 들면 자연사한 동물의 고기는 유대인에게는 식품으로 팔 수 없지만 외국인에게는 팔 수 있었다. 노예에 대한 취급은 또 다른 사례인데, 이스라엘 사람에게는 자격이 있었지만 외국인에게는 인정되지 않았다.

율법서의 서문에는 모세의 연설이 실려 있다. 이 율법에 대한 복종을 촉구해야 하는 목적은 이집트의 노예생활로부터 자기 백성을 데리고 나온 야훼에 대한 감사표시다. 예를 들면 안식일은 백성을 구출한 기념일로 지켜야 하며, 고용인들을 친절하게 대해야 한다는 의무를 끊임없이 상기해야 한다. 신명기는 후에 모든 율법을 동일한 역사적 배경 하에 추가해 보충되었다. 모든 율법에 복종하는 자는 축복이 있으며, 거절하는 자에는 저주가 있을 것이다.

**후기 제사장의 역사**  모세5경의 4, 5번째 이야기는 후기 제사장들의 이야기로 알려지고 있는데, P라는 글자가 붙어 있다. 제사장들의 역사로 불리는 이유는 이것이 의식적인 요구조건을 크게 강조하는 제사장들의 일반적인 입장을 견지하고 있기 때문이다. 작성연대는 기원전 450년경으로 보고 있다. 역사서의 형태를 띠고 있지만 많은 율법들이 담겨 있다. 그 중 하나는 성결법전으로 알려진 것으로 레위기 17장-26장에 기록되어 있다. P의 이야기에는 예배장소, 방법, 형식 등을 담은 많은 규제들도 수록되어 있다. 포로생활 이후의 시기 동안에

제사장들의 주요 임무 중 하나는 이러한 규정들을 시행하는 것이었다.

역사서는 창세기 1장에 나오는 천지창조로부터 시작된다. 이 이야기는 지금 J, E 역사서를 혼합한 형태지만 그 독특한 성격으로 인해 여기에 속하는 자료들을 구분하기는 다소 용이하다. 기술방식은 정확한 설명을 염두에 두는 공식적이고 법률적인 어투다. 예를 들면 창조 이야기에서 신에 의해 하늘과 땅이 창조되었다는 것으로는 충분하지 않다. 창조의 엿새 동안 각각 땅에서 어떤 일들이 일어났는가 하는 것이 있어야 했다. 또 초기 족장들의 나이도 정확한 연대로 기록되어 있으며, 노아가 방주에 들어간 날짜와 나온 날짜도 기록되어 있다. 저자의 역사해석은 특정 사안을 기록하는 데 큰 영향을 미친다. 예를 들면, 사람의 수명은 그가 지은 죄에 비례할 것이므로 아주 초기에 살았던 사람들의 수명은 8백 년, 9백 년 하는 식으로 역사를 기록하던 당시에 비해 훨씬 길었다. 세상의 죄가 늘어남에 따라 수명이 점점 더 짧아졌다는 것이다.

포로생활 이후의 기간은 그 동안 소홀히 다루었던 종교제도에 새로운 역점을 두는 시기였기에 각각의 제도에 대한 아주 오랜 기원을 마련하려는 시도가 나타났다. 예를 들면 천지창조 이야기는 안식일 제도로 이어졌다. 신명기를 보면 안식일은 이스라엘 백성이 이집트 노예생활로부터 벗어난 것을 기념하는 것이지만 P 이야기에서 보면 안식일은 아담 시대와 세상창조를 기념하기 위한 것이다. 노아의 홍수 이야기는 살생을 금하고 피를 먹는 것을 금하는 율법을 시행하게 만든다. 유대인들에게 깊은 종교적인 의미가 있는 할례는 아브라함이 시작한 것으로 알려지고 있으며, 유월절*은 모세로부터 시작되었다. 이 각각의 종교적인 제도와 관행들은 오랜 유래를 가지고 있을 뿐만 아니라 과거의 위대한 사람에 의해 행해진 것들이다.

J와 E 이야기에 나오는 역사는 특별히 강조할 필요가 있는 부분을 제외하고는 짧게 지나간다. 광야의 행군 이야기는 이전의 것에서는 나오지 않는 많은 내용을 담고 있다. 이 새로운 자료에는 제물공여와 의식의 수행 같은 것에 관해 자세하게 설명했다. 이렇게 자세히 설명하는 이유는 포로생활 이후의 시기에 제사장들이 요구하는 조건들이 실제로는 유대인들이 이집트를 떠날 때부터 시행되었다는 것을 보여주려는 저자의 명백한 의도 때문이었다. 예루살렘 성전 문제를 다루는 중앙 성소에 관한 율법은 분명히 나중에 만들어진 것이지만 P 역사에는 모세에게 내리는 지시로 이동 성소가 마련되었으며 그들이 광야를 이동하는 동안에 유대인들에 의해 운반되었다는 이동 성소에 대한 이야기로 이 율법의 고전적인 성격을 설명하고 있다. 이러한 이동 성소는 천막에 지나지 않았으

---


* **유월절**: 유대인들이 이집트에서 탈출한 일을 기념하는 축제일.

나 여기에는 후일의 성전에 상당하는 설비와 방을 갖추고 있
었다. 자세히 설명되는 많은 행사들 중에서 가장 중요한 것은
속죄일 행사에 관한 것들이다.



　　율법집으로도 불리는 모세5경은 야훼가 이스라엘 백성
들에게 내리는 율법이 들어 있기 때문에 구약 중에서도 가장
권위 있고 영감을 주는 문서로 간주되고 있다. 이 율법은 영원
한 것이며 영원히 인간사의 판단기준이 된다. 모세는 야훼의
말을 전한 사람으로 인식되었기에 이 책도 그의 이름으로 불
리는 것이 합당해 보인다. 그러나 그 내용은 유대 역사의 긴
세월 동안에 서서히 발전한 것들이었다. 이를 모두 모세의 것
으로 돌리는 이유는 율법의 영원성과 모세가 이룬 과업의 정
신이 이어지도록 하려는 장치였다.

# 여호수아 | 사사기 | 사무엘 상·하
*Joshua | Judges | 1 and 2 Samuel*



**여호수아**  24장으로 구성된 여호수아의 전반부는 신명기에 나오는 역사의 연장이다. 나머지 부분은 후기 제사장들의 이야기로 저자들이 추가한 것으로 보인다. 가나안 정복 이야기가 잠시 나오는데, 비교적 짧은 기간에 쉽게 이루어진 것처럼 보이려는 의도다. 요단강을 건널 때 야훼의 기적이 나타나는데, 이집트 탈출 이후 홍해를 건널 때를 연상시킨다. 요단강 도강을 기념하기 위해 강둑에서 열두 개의 돌을 가져가 기념비로 세운다. 처음 공격을 받는 도시는 여리고인데, 나팔소리가 들리자마자 성벽이 무너져 내렸다. 아간이 황금 한 덩이와 좋은 바벨론 옷을 훔쳤기에 유대인들은 도시를 공략하는 데에는 실패한다. 아간의 죄에 대한 처벌이 끝나자 그 도시는 유대인들의 손에 들어온다. 여호수아는 지시받은 대로 대표자들을 한 자리에 모아 모세로부터 받은 법률과 포고령을 전달한다. 기브온과의 싸움에서 여호수아는 달과 태양에게 멈출 것을 명령하여 낮이 길어졌다. 그리하여 여호수아의 군대는 혁혁한 전과를 거두었다. 이 책의 후반부는 여러 족속들에게 토지를 나눠주는 이야기가 기술되어 있다. 이 책의 저자는 아주 재미있는 사람들이었던 것 같다. 그들은 여호수아를 모세 다음의 위치에 올려 놓았다. 이스라엘 백성들 앞에서 행한 이 영웅의 고별연설은 승리를 이루게 해준 야훼에 대한 칭송으로 시작하여 그들을 위해 그처럼 많은 일을 이루어준 하나님에게 충성을 바치라는 충고를 담고 있다.

**사사기**　여호수아에 나오는 역사를 그대로 이어받은 사사기의 중심 주제는 왕조를 세우기까지의 기간 동안 가나안 땅에 정착한 것이었다. 지도자들은 사사로 불렸으나, 주된 임무는 법률을 심판하는 것이 아니라 위기의 순간에 정치적·군사적 지도력을 발휘하는 것이었다. 그러한 위기는 꼬리를 물고 잇따라 일어나, 여호수아의 사후에 이스라엘이 직면한 상황이 혼란기였음을 명백하게 보여준다. 상황이 참을 수 없는 정도에 이르자 한 지도자가 들고일어나 자기 백성들을 적의 손에 넘겼다. 그러나 일시적인 휴식기간을 제외하고는 승리는 오지 않았다. 짧은 기간 동안에 새로운 위기가 일어나는 일이 반복되었다.

첫 번째 사사는 옷니엘이었다. 그는 메소포타미아의 왕으로부터 8년 동안 압제를 받던 이스라엘에 승리를 가져다주었다. 다음 사사는 에훗이다. 그는 자기 백성들을 모압으로부터 데리고 나왔다. 사사이며 선지자였던 드보라는 여러 부족들에게 사람을 보내 가나안 전투에 동참해 줄 것을 호소했다.

그녀의 호소에 응해 이스라엘은 므깃도 전투에서 시스라의 군대를 물리쳤다. 기드온은 미디안으로부터 이스라엘 백성을 데리고 나온 또 다른 사사다. 기드온은 가장 유능한 사사 중 한 사람으로 간주되어 그의 이야기는 상당히 많이 언급되고 있다. 그의 활동의 결과로 나라에는 40년 동안의 평화가 왔다고 한다. 입다는 야훼에게 맹세한 사사였다. 그는 암몬과의 싸움에서 이기게 해준다면 집으로 돌아가는 길에 집에서 나오는 처음 것을 제물로 드리겠다고 맹세했다. 승리를 하고 나서 돌아오다가 그는 자신의 딸을 처음으로 만나게 된다. 몹시 슬퍼하며 그는 딸에게 자신의 맹세를 들려주고 곧 이를 행하였다.

유명한 사사인 삼손은 여러 차례에 걸쳐 블레셋을 속인 사람이다. 한 번은 그들 수천 명을 죽이기도 했다. 그는 블레셋 여인 데릴라와의 연애로 시력을 잃었지만, 야훼의 은혜로 다시 힘을 찾아 블레셋 사람의 신 다곤을 모시는 사원을 허물게 된다. 많은 사사들의 이야기가 언급되고 있으며 그들 몇몇에 대해서는 재미나는 이야기도 나온다. 이 시기의 역사가들은 이스라엘에 다른 형태의 지도자가 있어야겠다고 생각했으며 다음과 같은 말로 이를 나타내고 있다. "그 당시에 이스라엘에는 왕이 없어서 모두가 자기 멋대로 행동했다."

**사무엘 상·하** 두 권의 사무엘서는 정치조직의 급격한 변화를 담고 있다. 사사 시대는 예언자이며 선지자인 사무엘로서 끝이 난다. 그는 사울에게 기름을 부어 초대 이스라엘 왕으로 앉힌 사람이다.

사무엘의 생애가 유대인들의 역사에서 중요한 과도기였기에 그에 관해서는 많은 이야기가 전해지고 있다. 사무엘 상에서 보면 사무엘은 태어나기 이전에 이미 야훼에게 바쳐진 사람이었다. 그의 어머니 한나에게 자식이 없었기 때문에 그의 탄생은 기적적인 것이었다. 아직 어린 소년이었을 적에 그는 엘리라는 제사장에게로 보내져 그의 미래를 준비하도록 길러졌다. 또 이스라엘의 원로들이 모여 그들의 장래 정치에 대해 논의하면서 사무엘로 하여금 누군가에게 기름을 부어 왕으로 앉히도록 했다고 한다.

사울이 아말렉 왕과 제물로 바쳐질 동물을 죽이지 않은 것에 대해 사무엘은 맹렬히 비난했다. 사울의 그 잘못이 다윗 이야기의 서문에 실려 있다. 사무엘은 야훼로부터 받은 지시를 이행하기 위해 여러 명의 아들을 둔 이새의 집으로 가서 그 중 하나를 선택하여 사울 다음의 왕으로 삼는다. 이새의 가장 어린 아들 다윗이 선택되었다. 마침내 사울은 다윗을 질투하였으며 여러 이야기에서 그의 적개심이 나타나 있다. 사무엘 상은 블레셋과의 전쟁, 그리고 길보아 산에서의 사울의 비극적인 죽음으로 끝을 맺는다.

사무엘 하는 거의 전부가 다윗 왕의 생애에 관한 것이다. 야셀의 책에서 발췌한 것은 사울과 요나단을 회고하는 다윗의 찬미를 담고 있다. 그리고 다윗이 처음에 유대의 왕이 되었다가 나중에 이스라엘 전체의 왕이 된 이야기가 실려 있다. 사울의 신임을 받았던 아브넬 장군 이야기는 짧은 시로 이어지는데, 다윗은 아브넬 장군의 죽음에 애통함을 표하고 있다. 다윗이 어떻게 예루살렘 도시를 정복하여 자기 왕국의 수도로 정했고 어떻게 언약궤*를 예루살렘으로 옮겼는지, 그리고 어떻게 그 많은 승리를 거두었는지에 관해서도 들려준다. 우리야에 대한 다윗의 죄악과 선지자이자 다위의 고문인 나단에게 책망받는 이야기도 나온다. 압살롬**의 반역은 상당히 길게 언급되고 있으며, 이스라엘의 인구조사를 하면서 다윗이 저지른 죄의 이야기로 마무리된다.



이 역사적인 문건에 기록된 역사는 포로생활 이후 저작자들의 입장을 반영하고 있다. 이 역사서는 당시의 일을 정확히 기록하려는 데 목적이 있는 게 아니라 일련의 사건 속에서 나타나는 종교적인 교훈을 강조하려는 것이었다. 신명기에 나오는 중앙 성소, 성결법전, 제사법전 등은 유대의 종교를 보호하기 위해 특별히 필요한 것으로 간주되었다. 저자들은 이러

---

* **언약궤:** 구약성서에 나오는 십계명이 새겨진 2장의 석판을 넣어둔 귀중한 상자.

** **압살롬:** 다윗의 셋째아들. 장자인 이복형 암논을 죽이고 달아났다. 그는 헤브론에서 즉위하여 다윗의 왕권에 도전하였다.

한 법률들이 당대의 필요에 의해 만든 것이 아니라 그 연원이 모세 시대로까지 거슬러 올라가는 것처럼 보이게 했다.

여기에는 전제군주제가 옳으냐 그르냐 하는 식으로 상반된 논란이 그대로 실리기도 했다. 혹은 편집자가 이를 중재해 보려고 한 부분도 있다. 그러나 역사 전반에 걸쳐 나타나는 개념은 도덕성이었다. 도덕적인 질서는 신의 요소라고 믿었다. 때문에 역사가들에게 야훼의 명령에 복종하느냐 않느냐는 삶이냐 죽음이냐를 선택한다는 의미였다.

# 열왕기 상·하 | 역대기 상·하 | 에스라 | 느헤미아
## 1 and 2 Kings | 1 and 2 Chronicles | Ezra | Nehemia



**열왕기 상 · 하** 흔히 이스라엘과 유대 왕들의 신명기라고도 불리는 열왕기는 중앙 성소 율법에 따르는 특이성 때문에 여러 통치행위 중에서도 가장 중요한 중앙 성소 율법을 이스라엘 왕들이 어떤 태도로 준수하는가 하는 문제를 다루고 있다. 그 점에서 왕들이 야훼가 보기에 선한 일을 하는가, 악한 일을 하는가 하는 문제는 무엇보다 중요하다. 비록 어떤 왕들은 비교적 오랫동안 통치를 했고 어떤 왕들은 짧은 기간 동안 왕위에 있었지만 모두가 동일한 기준으로 평가되고 있다. 어느 왕이라도 산당에 있는 우상숭배 장소를 없애지 못하거나 사람들이 예루살렘 성전이 아닌 다른 곳에서 제물을 바칠 수 있도록 허용된다면 야훼가 보기에는 악을 행하는 것이 되고 나라가 당하는 재앙에 책임을 져야 했다.

열왕기는 사무엘의 역사가 끝나는 시점에서 왕국 이야기로 시작되어 유대의 요시야 왕까지 이어진다. 열왕기는 세 부분으로 나뉜다. 첫 부분은 다윗과 솔로몬 시대의 통일 왕국을 다루고 있으며, 두 번째는 사마리아 왕의 죽음에 이르기까지의 분단 왕국을 다룬다. 그리고 세 번째는 유대의 남왕조에 초점을 맞추고 있다. 저자는 솔로몬의 행적, 예언자 엘리사에 관한 이야기인 '성전 일지', 그리고 특별한 이야기들을 다루는 여러 자료들을 활용하고 있다. 열왕기의 저자는 이러한 자료들 중에서 자신의 목적에 알맞은 것들만 골라내어 가르치고자 하는 교훈을 강조하고 있다.

열왕기 상은 솔로몬이 다윗 왕의 후계자로 선정되는 이야기로 시작된다. 이 역사서의 저자는 솔로몬을 위대한 지혜로써 왕국을 다스리는 사람으로 기술하고 있는 점으로 보아 분명 솔로몬의 추앙자였다. 그는 성전 준공에 바치는 솔로몬의 기도와 어려운 문제를 해결해가는 그의 현명한 결정을 들려준다. 그는 솔로몬이 산당을 파괴하지도 않았고 많은 외국의 부인들을 예루살렘 궁중으로 불러들인 점을 이야기하고 있는데, 이것이 솔로몬 사후에 일어난 반란과 왕국 분할의 주요 이유라는 점을 강력히 암시하고 있다.

역사서의 두 번째 부분은 남북 왕들의 행적을 아주 명쾌하게 기술하고 있다. 저자는 어느 왕이 언제 즉위했고 재위 기간이 얼마나 오래였는가 하는 것으로 시작한다. 다음으로 그 왕의 선악을 논한다. 어떤 경우에는 특정 왕의 재위기간에 있었던 사건을 때로는 제법 길게 때로는 상대적으로 짧게 기술하고 있다. 왕들에 대한 판단기준은 동일하다. 중앙 성소 율법을 얼마나 잘 지켰는가 하는 것이었다. 저자에게는 왕이 지역의 성소나 산당 같은 장소에서의 예배를 허용하는 것이 사회적인 불의보다 더욱 심각한 위반이었다. 유일한 합법적인 예배소가 남왕조의 수도인 예루살렘에 있었기 때문에 북의 왕들은 여기에 접근할 수 없었다. 따라서 예배를 다른 지역에서 드릴 수밖에 없었는데, 이로 인해 열왕기를 쓴 사람은 북왕들의 이야기를 "야훼가 보시기에 그는 악행을 하고 있다"고 기술하는 이유가 되었다. 물론 남왕들도 모두 산당을 허문 것은 아니었다. 그러나 저자는 그들에게 훨씬 더 너그러웠다.

역사서 두 번째 부분에서 재미있는 것은 저자가 사용하는 연대기다. 상대국 왕의 재위 연수를 날짜로 사용하고 있는 것이다. 예를 들면 한 북의 왕은 남의 왕 5년에 즉위했다는 식이다.

세 번째 단원은 오직 유대에 초점을 맞추고 있다. 북왕조는 백성들의 도덕적 해이로 인해 패망했기 때문이다. 이제 남왕조만이 유대인들이 이루어야 할 희망이었다. 히스기아 왕의 통치 이야기는 다른 왕들보다 훨씬 길게 언급되고 있다. 글쓴이가 그를 위대한 개혁자로 생각하기 때문이었다. 앗수르왕 산헤립의 유대 침공 이야기와 바벨론 왕 므로닥 발라단의 예루살렘 방문이 기록되어 있다. 히스기아의 아들 므낫세 왕의 재위기간은 50년이 넘었지만 가볍게 다루고 있으며, 그의 아들이자 후계자로 피살당한 아몬도 마찬가지다. 아몬의 아들 요시야가 왕위에 오르자 글쓴이는 커다란 희망을 표한다. 왜냐하면 요시야 왕 재임기간에 성전에서 율법서가 발견되었으며 강력한 개혁에 착수했기 때문이다. 아마도 여기서 열왕기의 저자는 그의 이야기를 마친 듯하다. 학자들에 의하면 저자가 이것을 쓸 당시에 요시야가 여전히 왕이었기 때문이다. 저자는 나중에 신명기로 옮겨가는데, 그 글은 구약의 사사기, 사무엘, 그리고 다른 부분에 담겨 있다.

**역대기 상·하** 신명기가 열왕기 상·하에서 재판의 기준이라면 제사장 법전은 역대기 상·하의 기준이 된다. 역대기는 열왕기보다 나중에 쓰여진 것으로 보인다. 시기는 대략 기원전 300년경. 이 두 책의 저자는 신명기와 기원전 300년 이전에 나온 자료들을 원전으로 참조할 수 있다는 이점을 가지고 있었다. 분명 그들은 개인의 고통과 나라의 재앙은 악에 대한 징벌이며, 장수(長壽)와 물질적 번영은 정의로움에 대한 보상이라는 이전 사가들의 사상을 받아들였다.

이 징벌과 보상의 개념은 어떤 역사적 사건에는 적절하게 맞아떨어지지만 상반되는 경우도 있다. 예를 들면, 웃시야 왕은 이사야가 예언자가 되기 이전에 재위에 오른 사람으로, 유대에서 가장 유능하고 훌륭한 왕으로 간주되었으나 문둥병에 걸려 고통받다가 나환자촌에서 죽었다. 므낫세 왕은 제사장이나 선지자들 모두가 사악한 사람으로 평가했지만 반세기 이상 재위하다가 자연사했다. 그리고 신명기적인 개혁을 시작했고, 위대한 예언자들의 가르침을 가능한 한 따르려 했던 홀

류한 요시야 왕은 싸움터에서 죽었으며, 그의 아들은 포로로 잡혀 이집트로 끌려갔다. 역대기를 쓴 사람으로서는 이에 대해 설명할 필요를 느꼈을 것이다. 야훼가 일의 과정을 명령한다고 믿었던 그는 유대 전체의 역사를 제사장 법전에 담겨진 법률과 규정의 관점에서 해석했다.

역대기의 서문은 아담에서부터 역대기 저자가 이상적으로 보는 다윗까지의 시기를 간략하게 기술하고 있다. 이는 사무엘 상·하에 담긴 내용과는 대비된다. 이스라엘 사람들이 사막을 행군할 때 운반했던 이동 신전에서 중앙 성소 율법을 발견해 이 시기 초기부터 시행되었다. 제사장 법전 역시 유대 역사 초기부터 시행되었던 것으로 추정된다. 북이스라엘 왕들에 대해서는 언급이 없다. 그들 왕국의 백성들이 이방인보다 나을 것이 없었기에 그들의 행동의 결과로 진정한 이스라엘 사람으로 간주되지 않았다는 것이 그 가정이다.

**에스라** 느헤미야와 함께 역대기의 저자에 의해 쓰여졌다. 10장으로 구성된 이 책의 여섯 장은 거의 전부 유대인들이 예루살렘으로 돌아오기까지의 사건을 반추하고 있다. 에스라는 그와 함께 돌아가고자 하는 모든 유대인들을 데리고 갈 수 있는 왕의 칙명을 가지고 있었다. 그들은 예루살렘에 들어서자마자 사마리아인들의 반대를 이겨내며 제단을 쌓고 후에 성전을 세웠다. 에스라는 유대인들이 외국인과 결혼하는 교혼을 반대했으며, 그러한 죄를 지은 유대인들은 배우자로부터 이혼을 당해야 한다고 주장했다.

**느헤미야**  이 책의 첫 부분에서 느헤미야는 바사의 아닥사스다 왕의 술시중을 드는 사람으로 왕은 그에게 예루살렘 방문을 허용했다. 그 방문 동안 느헤미야는 무너진 벽을 재건하는 일에 열심히 참여했다. 책의 두 번째 부분은 느헤미야보다는 에스라에게 중심을 두고 있다. 에스라는 성회를 소집하여 사람들을 모이게 한 다음 율법집을 읽어주었다. 3부는 다양한 내용으로 구성되어 있는데, 포로생활에서 돌아온 사람들 명단까지 기록되어 있다. 느헤미야는 12년 후 다시 예루살렘을 방문하는 이야기로 마감된다.




에스라와 느헤미야는 아담으로부터 포로생활에서 돌아와 성전 재건까지의 역사를 거의 완벽하게 다루고 있다. 여기에는 시간과 장소를 달리하는 여러 저자들이 등장하며, 모세5경을 이루는 유대와 에브라임의 역사, 그리고 여러 번의 간격을 두고 신명기와 제사장들의 이야기를 담고 있다.

열왕기 상·하는 신명기의 열렬한 지지자의 눈으로 본 역사 이야기다. 여기서는 도덕과 종교의식에서 요구되는 것들을 다루고 있으나 후기의 저자들은 종교의식에 무게를 두고 있다. 후기로 갈수록 예배의 장소, 시간, 형식을 강조했다. 제사장들도 선지자들 못지않게 도덕적인 것을 강조하기는 했으나 하나님의 계명에 복종하는 것이 최우선 과제였다. 이러한 견해가 잘 나타난 것이 역대기 상·하와 에스라, 그리고 느헤미야다.

# 지혜서

　　예레미야서는 서로 상이한 세 그룹의 사람을 언급한다. 제사장, 선지자, 현자다. 이 셋 가운데에서 선지자는 구약 중 가장 많은 내용을 기록했다. 그들은 자신들의 이름이 담긴 글뿐 아니라 제사장들의 몫에 속하는 구체적인 법률이나 제례의식 등을 포함하는 역사서도 썼다. 구약 중에서 이스라엘의 스승과 현자로 불리는 사람들의 글은 욥기와 전도서, 그리고 잠언이다. 예언적인 글들과는 달리 이 3서의 저자들은 서문에서 '하나님께서 가라사대'라는 말을 쓰지 않았다. 대신 그들이 하는 이야기를 이성과 상식에 호소한다. 많은 예언적 저작물들이 상당히 민족주의적인 것들이었다면, 이들의 글은 폭넓고도 보편적인 성격을 띠고 있다. 현자들이라면 일상사에서 일어나는 문제들을 말하기 때문에 이들의 충고는 유대인들뿐 아니라 비유대인들에게도 적용되는 것들이었다. 그들은 나라가 아닌 개개인에 대해서 얘기하고 있다. 그리고 그들이 하는 이야기는 인종이나 민족과는 상관이 없다. 구약의 종교가 선지자들의 가르침에서 위대한 높이에 이르렀다면 현자들의 글은 가장 위대한 넓이에 이르고 있다.

# 욥기 *Job*



욥기는 흔히 세계 문학에서도 위대한 고전으로 평가된다. 여기서 다루는 주제는 중요한 질문이 모두 포함된다. "야훼께서 주관하시는 이 세상에서 어찌 선인들이 고통을 당해야 하며 사악한 자들은 고통을 피해 평안을 누릴 수 있나이까?"

유대인들뿐만 아니라 모든 사람들이 수시로 이처럼 보편적인 의문과 마주하게 된다. 유대의 몇몇 선지자들도 나라와 관련된 부분에서는 이 문제를 다루었지만 욥기의 저자는 개인적인 차원에서 다루고 있다. 현재의 형태로 전해지는 이 책은 대략 다섯 부분으로 나뉘어진다. 서문, 토론, 엘리후의 연설, 자연의 시, 맺는말이다. 이 책은 사람들이 자신들의 행적에 따라 상을 받고 벌을 받는다는 오랜 원칙에 대한 직접적인 도전형식으로 쓰여졌다.

이 책의 처음 2장을 차지하는 서문은 야훼와 사탄이 내기를 한다는 민담에 기초하고 있다. 사탄은 모든 사람이 이기적인 목적에서 야훼를 섬긴다며 논쟁을 걸었다. 그러자 야훼는 사탄의 주장에 대한 반론으로 하나님을 두려워하고 악을 멀리하는 의인 욥을 내세웠다. 욥의 충성심이 물질적인 보상 때문이 아니라는 것을 증명하기 위해 야훼는 사탄에게 욥으로부터 그가 가진 모든 물질적인 이익을 빼앗고 가장 가혹한 고통을 가하는 것을 허락했다. 이런 모든 고통 속에서도 욥은 불평을 하지 않았다. 그의 유일한 반응은, "주신 자도 여호와시요, 취하신 자도 여호와시오니, 여호와의 이름이 찬송을 받으실지니이다"였다. 그러나 욥의 아내는 그러한 고통으로부터 벗어나기 위해 그에게 "하나님을 저주하고 죽으라"고 촉구했다. 세 명의 친구—데만 사람 엘리바스, 수아 사람 빌닷, 나아마 사람 소발—가 멀리서 와서는 삼베옷을 입고 슬픔을 표하며 침묵으로 동정했다.

토론편은 야곱과 세 명의 친구들 사이의 대화로 구성되어 있는데, 전혀 다른 이야기를 들려준다. 첫 번째 이야기에서 욥은 참고 견뎌야 하는 조건의 삶은 가치가 없다며 자신이 태어난 날을 저주했다. 자신은 잘못을 한 기억이 없기에 자신이 당해야 하는 고통의 정당성을 찾을 수 없었다. 이에 대해 그의 친구 엘리바스는 의로운 사람은 고통을 당하지 않으며 오직 악한 사람만이 고통을 받는다고 말한다. 욥으로서는 자신의 결백을 주장하게 되면 하나님을 정의롭지 못하다고 비난하는 격이 되며, 사람이 하나님보다 더 정의롭다는 것은 논리에 맞지 않게 된다. 엘리바스는 하나님이 보시기에는 누구도 정의롭지 못하다고 말한다. 모든 사람은 죄를 지었으며, 그들이 당하는 모든 고통은 그들의 잘못에 대한 징벌이다. 빌닷은 하나님은 정의로움을 그르치지 않으며 불의하게 사용하지도 않는다며 엘리바스의 말에 동의했다. 소바는 한 걸음 더 나아가 욥을 나무란다. 욥이 받고 있는 징벌은 받아야 할 것에 비하면 가볍다. 왜냐하면 하나님은 정의로우시며 자비하시며, 자비란 언제나 사람이 응당 받아야 할 것보다 더 후하게 주는 것이기 때문이다.

　이들 각각의 말에 욥은 효과적인 대답을 한다. 그는 자신을 비난하는 자들에게 자신이 저지른 잘못을 지적해 달라고 말한다. 첫 토론이 끝난 다음에 각 친구의 이야기에 대해 욥이 대답하는 식으로 이야기가 돌아간다. 세 번째 이야기에서는 엘리바스와 빌닷만 이야기를 한다. 욥은 최종적인 대답에서

"욥의 말이 그치니라"라는 말로 결론을 맺으며 자신의 입장을 완벽하게 방어한다.

엘리후의 이야기는 욥의 고통에 대해 정당성을 찾으려는 시도로 나타난다. 그는 세 친구들의 주장이 욥에 의해 적절하게 반박당했다는 것을 인정했다. 그러나 그는 욥이 어떻게 잘못했는가를 보여줄 수 있는 또 다른 것을 제시할 수 있다고 믿었다. 그는 욥이 당하는 고통이 욥에게 죄를 짓지 말라는 경고일 것이라며 세 친구가 했던 주장을 되풀이해서 들려주었다.

자연의 시는 야훼가 욥에게 들려주는 이야기 형식으로 되어 있다. 이 시는 창조된 우주의 경이로움과 웅장함을 더없이 아름다운 언어로 쓰고 있다. 시는 아름답지만 욥의 문제에 대해서는 아무런 이야기도 없다. 신의 권능과 지혜를 열등한 인간과 비교하고 있지만 죄 없는 인간이 왜 욥처럼 고통을 당해야 하는지에 대해서는 여전히 해답이 없다.

이 책의 마지막 장에 나오는 결론에서 욥은 야훼의 정의를 깨달으면서 자신을 방어하기 위해 했던 말들을 회개한다. 이것을 인정한 후에 야훼는 욥에게서 다 빼앗았던 물질적 부를 그가 애초에 가졌던 것의 두 배로 보상해 준다.



욥기는 착한 사람이 왜 고통을 받아야 하는지 구체적인 해답을 제시하지는 않는다. 토론에서 보면 글쓴이의 의도는 고통은 잘못에 대한 증거라는 선지자와 역사가들의 견해에 대한 도전에 다름 아니다. 수세기 동안 야훼는 우주의 주관자이며 상과 벌은 정당하게 배분되어야 한다고 믿었다. 그러나 저자는 이런 단순논리를 부정하고자 했다. 이를 위해 그는 욥이라는 정의로운 인물을 내세우고 있다.

야훼의 말씀으로 구성된 자연의 시나 엘리후의 이야기 그 어느 것도 선한 사람들이 고통받는 이유를 설명하지 못하지만 그 이야기가 성경에 들어 있다는 것은 선한 사람이 고통받는 이유를 인간으로서는 알 수 없는 경우가 많다는 암시로 보인다.

# 전도서 *Ecclesiastes*



전도서는 "인생은 살 만한 것인가?" 하는 주제를 다룬 수필이다. 역설적으로 이 글의 저자는 부정적으로 보고 있다. 그는 사람이 살아가는 다양한 목적과 목표에 대하여 생각해 보고, 이들 각각의 이유가 오로지 공허와 좌절을 가져다줄 뿐임을 깨닫는다. "내 손이 한 모든 일과 내가 얻기 위해 수고한 모든 것을 돌아보면 모두가 헛되며 바람을 쫓았을 뿐이다. 태양 아래 얻은 것은 아무것도 없도다." 자신을 나이든 재산가이며 사람들이 추구하는 의미 있는 삶을 위해 몸소 노력한 사람이라고 언급하는 저자는 인생은 결국 자기기만이라고 말한다. 부자도 되어 보았지만 만족하지 못했다. 명예도 쫓아 보았지만 그 역시 공허한 느낌일 뿐이었다. 지혜도 쫓아 보았지만 인간의 영혼을 만족시켜주지는 못한다. 그는 배우면 배울수록 자신이 이미 가진 것에 더욱 불만이다.

어떤 사람들은 보상을 받을 수 있으리라고 믿고 정의의 길을 가지만 전도서의 저자는 알고 있다. 그러한 보상은 없다는 것을. 그가 본 바에 의하면 정의로운 사람이라고 해서 악한 사람보다 더 잘 살지 않는다. 때로 정의를 내세우는 사람은 살아가기도 힘들다.

개인이 어떤 삶을 살았던 간에 우리 모두는 사후에 잊혀지고 만다. 죽음은 의로운 사람이나 사악한 사람 모두에게 찾아오는 까닭이다. 저자는 포상과 징벌은 죽음 이후의 미래에 이루어진다는 일부 사람들의 생각도 잘 알고 있는 듯하다. 그러나 그는 이러한 생각에 마음을 두지 않는다. 그는 우리에게 들려주고 있다. 사람의 죽음도 동물의 죽음에 비견된다. 그러면서 그는 역설적으로 묻는다. "사람의 영혼은 하늘로 올라가고 동물의 영혼은 지옥으로 가는지 누가 알겠는가?" 그는 힘주어 강조한다. "모두가 똑같이 숨을 쉰다. 사람이라고 해서 동물보다 나을 게 없다. 모든 것이 헛되도다."

그는 진보를 믿지 않는 대신 역사의 순환이론에 집착한다. "한 번 있었던 것은 다시 나타나며, 한 번 일어난 것은 다시 일어난다. 태양 아래 새로운 것은 없다." 실제로 모든 세대들은 무언가 새로운 것이 나타난다고 생각한다. 지금 세대들이 잊혀지는 것처럼 이전 세대들이 성취한 것도 기억되지 못한다.

나아가 저자는 이 세상을 개선하기 위한 노력에서도 암시하는 것이 없다. "꼬인 것은 바로잡을 수 없다. 없는 것은 셀 수 없다." 사람은 더 많은 것을 보면 더욱더 많은 것을 보고 싶어 하고, 더 많은 것을 얻으면 가진 것에 더욱더 만족을 느끼지 못하기에 사람들의 욕구는 충족시킬 수 없는 것이다.

　　전도서의 저자는 진정한 견유학파*다. 그러나 그는 세상을 원망하지 않는 점잖은 견유학파다. 왜냐하면 그는 자신이 할 수 있는 일에 최선을 다하기 때문이다. 욥기의 저자가 무고한 사람들이 고통당하는 것을 근심했던 것과는 달리 전도서의 저자는 현실을 받아들이며 그것에 혼란스러워하지 않는다. 그는 반복해서 말한다. "사람은 먹고 마시고 자기가 하는 일에서 만족을 찾는 것 이외에 아무것도 할일이 없다." 그는 모든 일에는 분명한 때와 장소가 있다는 일종의 운명론을 받아들이고 있지만 이 책에는 사람이 가장 큰 만족을 얻을 수 있는 방법에 관한 조언으로 가득하다. 무엇보다 그는 중용(中庸)을 권하고 있다. "지나치게 정의롭지 말 것이며, 지나치게 현명하지도 말라. 왜 스스로를 파멸시키려느냐?" 사람은 중용에서 행복을 찾아야 한다. 저자가 우리에게 들려주는 가장 비극적인 삶은 노후를 대비해서 지나치게 많은 시간과 정력을 사용하고서 정작 나이가 들어서는 쓸 수 없는 사람들이다. 젊어서 즐겨야 한다. 늙는다는 것은, 병들고 허약해지며, 흙은 그것이 나온 땅으로 돌아가고 영혼은 그것을 주신 하나님께로 돌아가는 그때를 암시하는 전주곡인 것이다.

---

* **견유학파(犬儒學派)**: 고대 그리스 철학의 학파. 시니시즘(cynicism)이라고도 한다. 이 파 사람들은 정신적·육체적인 단련을 중요시하였으며, 쾌락을 멀리하고 단순한 생활을 추구하였다. 또한 관습, 학문, 예술에 부정적인 태도를 보였다.

전도서는 여러 모로 독특하다. 이처럼 종교에 회의적으로 보이는 글이 어떻게 성경에 실릴 수 있는가 하는 사람들도 있다. 우선 이 책의 내용은 정직하다. 많은 사람들이 공감할 수 있는 내용이라는 의미다. 또 솔로몬이 저자로 알려지면서 명성을 더한 것도 한 이유일 터이다. 그러나 이 전도서는 마지막 장이 없었더라면 구약에 포함되지 못했을 것이다. 여기에는 "하나님을 두려워하라. 그리고 그의 계명을 지키라. 왜냐하면 이것이 사람의 온전한 의무이기 때문이다. 하나님은 아무리 작은 것이라도, 선한 것이든 악한 것이든 모든 행동을 판단하실 것이니라"고 쓰여 있다.

# 잠언 *Proverbs*



　　잠언은 이름 그대로 오랜 세월 동안 여러 곳에서 내려오는 짧은 경구를 모은 것이다. 일반적으로 이러한 속담들은 실생활에서 나온 지혜들이다. 비록 여기에 실린 내용에는 깊은 종교사상은 없을지라도 사람이 행복하고 만족스러운 삶을 살아가는 데 필요한 방법에 대한 조언을 담고 있다. 나중에 전해지는 이야기로는 잠언 모두가 솔로몬 왕의 것이라고 하나 그것은 역사적으로 옳지 않다. 잠언 중 많은 부분, 특히 일부 일처제의 미덕을 극찬하는 부분은 많은 아내를 거느렸던 것으로 알려진 솔로몬으로서는 아주 부적절한 이야기다. 솔로몬이 이 책에 담긴 몇몇 잠언의 지은이는 될지라도 그 대부분은 다른 곳에서 나온 것이다. 책 자체만 보더라도 성격이 다른 잠언들이 있다. 이들 중에는 유대인의 것이 아닌 것도 있다. 이는 이 지혜서의 성격이 보편적이라는 것을 강조하려는 의도였다. 전반적으로 잠언에 담긴 지혜는 유대, 비유대를 망라해 폭넓은 경험에서 나온 것들이다.

　　이 책은 서로 다른 모음집이 현재의 모습으로 구성되었다. 1장-9장에 나오는 첫 번째 모음집은 아버지가 아들에게 들려주는 일련의 가르침이다. 이 가르침의 목적은 젊은이들이 행동을 할 때, '무엇이 옳고 정의로우며 정당한가, 젊은이들에게 지식과 지혜의 분별력을 주려는' 것이다. 두 번째 모음집은 10장-22장으로, '솔로몬의 잠언'이라는 제목이 붙어 있는데, 대구(對句) 형식으로 되어 있고 첫 선집과는 아주 다르다. 아마도 이 부분이 원래는 이 책의 핵심이었던 것이 앞부분의 9개 장이 서문형식으로 붙고, 나머지 부분이 추가분으로 첨부되었을 것이다. 22장-24장에서 보는 짧은 단원은 '현자의 이야기', 그리고 '현자의 첨언'이라는 제목이 달려 있다. 25장-29장은 이렇게 시작된다. "유대의 히스기야 왕의 신하들이 받아 적은 솔로몬의 잠언이다."

이 책의 마지막 두 장은 '아굴의 말씀', '르무엘 왕의 말씀'이라고 불리는 두 묶음의 속담을 담고 있다. 아굴이나 르무엘 모두 아랍 사람의 이름인데, 이것들이 마지막에 포함되어 있다는 것은 편집자들이 진정한 지혜는 비유대권에서도 찾을 수 있다는 인식을 나타내는 것으로 보인다. 잠언은 훌륭한 아내(현숙한 여인)를 칭송하는 의미심장한 시로 마무리된다.

잠언 전편을 통해 지혜가 가장 높이 칭송되고 있다. 다음과 같은 표현이 전형적이다. "지혜를 얻으라, 명철을 얻으라… 지혜가 최고이므로 지혜를 얻으라. 네가 가진 모든 것을 준다 해도 총명을 얻으라."

잠언서의 실제적인 성격은 일상생활에서 지켜야 하는

행동유형에 관한 가르침에서 나타난다. 현자는 미래를 바라보면서 현재의 계획을 짜는 사람으로 묘사된다. 그는 자신의 시간과 돈을 일시적인 즐거움을 위해 낭비하지 않는다. 열심히 일하는 사람이지만 다른 사람들의 권리를 침해하면서 먹을 것을 얻지는 않는다. 자신의 일에 부지런하며 친구와 이웃에게 친절하다. 가정사를 잘 다스린다. 나눔에서는 관대하지만 지나치게 줌으로써 스스로 노력하지 않도록 만들지는 않는다. 마지막으로 남의 권리를 존중하며, 나라의 법률에 복종하는 절제된 습관을 가지고 있다.



잠언서는 때로 윤리 교과서로 간주되었다. 선악을 구분하는 이론적인 논의를 하고 있지는 않지만, 매우 높은 개인의 행위규범을 담고 있다. 지혜로운 사람은 우상을 섬기지 않으며, 게으른 사람과 친교하지 않으며, 판관 앞에서 거짓 증언하지 않는다. 그는 품행이 단정치 못한 여인을 역병을 피하듯이 피한다. 그는 시간을 낭비하지 않지만 쉬는 시간을 삶과 행동의 의미를 반추하는 데 사용한다.

잠언은 야훼에 대한 충성이 아주 중요하다는 확신을 보이고 있다. 그 점에서는 유대의 예언자들과 완전히 일치한다. 그러나 다른 점이 있다면 야훼에 대한 충성을 나라의 정책이

아닌 개인의 관점으로 돌리고 있다는 점이다. 잠언서는 이기
적인 동기를 선한 행동의 한 수단으로 보고 있다.

## 잡다한 기록들

    선지자들과 현자들의 기록물 외에도, 몇 권의 책이 구약의 정경(正經)에 포함되어 있다. 이 책들은 어느 한 기본적 특징에 따라 구분하기가 매우 어렵다. 이들은 서로 다른 기록의 유형을 보여주며, 다양한 주제를 다룬다. 영감 넘치는 기록으로 여겨지면서도, 선지서들과 같은 높은 수준에 이르지는 못하였고, 그 중 일부는 비교적 늦게 기록되었다. 기독교 시대의 시작 이후까지 이 책들을 거룩한 책에 포함시킬지에 관해 합의에 이르지 못했다. 이 그룹에 속한 책들은 요나서, 룻기, 에스더와 다니엘, 시편 무음, 애가, 아가서라고 불리는 사랑의 시 등이다.

# 요나 | 룻 | 에스더
*Jonah | Ruth | Esther*



**요나**　흔히 선지서로 구분되지만, 요나서는 선지서는 아니고, 요나라는 이름의 선지자에 관한 이야기다. 이는 요나가 너무나 많은 유대인들에게서 목격한 편협한 민족주의 정신을 비판하고 꾸짖기 위해 기록했다. 그는 이 목적을 달성하기 위해 자기가 뜯어고치고 싶은 그 정신상태를 잘 보여줄 이야기를 구성했다. 이 이야기 속에서 그는 유대인들이 외국에 대해 갖는 태도와 방식으로 행동한다. 이 책을 읽는 사람은 누구나 요나의 행동이 얼마나 어리석은지 깨달을 수밖에 없다. 저자는 유대의 민족주의자들이 요나의 역할 속에서 자기 자신을 볼 수 있기를 소망했다.

요나는 앗수르의 수도인 니느웨로 가서 야훼가 그에게 맡긴 메시지를 선포하라는 명령을 받는다. 요나는 니느웨로 가기를 거부하고 욥바로 도망해 다시스로 가는 배에 오른다. 그가 탄 배는 태풍을 만난다. 책임을 맡은 선원들은 자신들이 살기 위해 요나를 바다에 던진다. 요나는 고래에게 먹힌다. 그러나 그는 고래 뱃속에서 살아남을 뿐 아니라, 해안으로 옮겨져 땅에 내처진다.

니느웨로 가라는 부르심이 요나에게 두 번째로 임하자, 그는 마지못해 순종한다. 그가 선포하는 유일한 메시지는 니느웨 사람들의 죄로 인해 그들에게 멸망이 임할 것이었다. 니느웨 사람들은 요나의 이야기를 듣고 회개했다. 뉘우침의 표시로 굵은 베옷을 입고 재에 앉았다. 그들이 회개하자 그들에게 임하리라던 벌이 필요 없게 되었다. 요나는 크게 실망했다. 그것은 자기가 그들을 정확하게 판단하지 못했다는 뜻이었기 때문이다. 그는 스스로에게 유감스러운 생각이 들어 야훼에게 참담한 심경을 토로했다. 이때, 야훼는 분명한 어조로 꾸짖으며, 12만 명의 운명이 한 개인의 안락과 허영보다 더 중요하다고 설명한다.

**룻** 요나서와 마찬가지로 룻기는 걸작이며 도덕적 교훈을 담고 있다. 그러나 그 교훈이 이 책이 쓰여지게 된 주된 이유는 아닐 것이다. 그것은 왕정이 확립되기 전 사사 시대에 살던 나오미라는 히브리* 여인에 관한 이야기다. 나오미는 남편이 죽은 후, 두 아들을 따라 모압 족속이 점령하고 있는 땅으로 갔다. 여기서 두 아들은 모압 여인들과 결혼했다. 후에 두 아들은 죽게 된다. 나오미는 히브리 땅으로 돌아가 자기 백성들 가운데서 살리라 마음먹었다. 그녀는 두 며느리에게 모압

---

* **히브리**: 고대 이스라엘

사람들과 함께 살라고 간곡히 권한다. 그 중 오르바는 나오미의 간청을 받아들여 시어머니에게 작별을 고한다. 그러나 며느리 룻은 시어머니 혼자 귀향하는 것을 허락하지 않는다. 그녀의 애정과 효성은 다음 말에 잘 나타난다. "어머니께서 가시는 곳에 나도 가고, 어머니께서 유숙하시는 곳에서 나도 유숙하겠나이다. 어머니의 백성이 내 백성이 되며, 어머니의 하나님이 내 하나님이 되시리니."

나오미와 룻이 히브리 땅으로 돌아가 베들레헴 가까이 이르렀는데 마침 보리를 수확할 때였다. 나오미의 친척인 보아스라는 부유한 히브리인이 넓은 밭을 소유하고 있었다. 룻은 추수꾼들이 놓치고 간 곡식을 거두는 이삭 줍는 사람들과 함께 일하게 해달라고 청한다. 보아스는 룻의 청을 수락하고, 종들에게 룻과 그 시어머니를 위해 많은 곡식을 남겨주라고 지시한다. 나오미가 보아스의 친척이므로 나오미와 룻은 후한 대접을 받는다. 시간이 흘러 룻은 보아스의 아내가 되고, 그들의 아들인 오벳은 다윗 왕의 할아버지가 된다.

**에스더** 에스더 이야기는 몇 가지 점에서 매우 독특하다. 이것은 중요한 도덕적 혹은 종교적 이상을 설명하지 않는다. 야훼에 대한 언급도 없고, 의로운 삶에 대한 보상이나 악한 행위에 대한 형벌에 대해서도 아무 말이 없다. 이 이야기에서는 에스더라는 유대인 처녀가 바사 왕 아하수에로의 궁정에서 왕비가 된다. 그녀는 유대 민족을 모조리 말살하려는 음모를 분쇄하는 역할을 한다. 결국, 유대인 살해음모를 꾸민 사람들이 패배하고, 동시에 유대인은 원수들을 상대로 혁혁한 승리를 거둔다. 여러 가지 면에서 이 이야기는 전형적인 역사 소설을 닮았다. 전개되는 사건은 일부 역사적 기초가 있겠지만 세세한 부분까지 역사적 사실로 간주할 수는 없기 때문이다. 저자는 자기 마음속에 있는 목표에 적합한 이야기를 구성한 것이다.

에스더 이야기의 배경은 바사 왕의 궁정이다. 이야기는 7일 동안 계속되는 왕의 향연에 대한 것으로 시작된다. 잔치 마지막 날, 왕은 왕후 와스디에게 손님들 앞에서 그녀의 아름다움을 보여달라고 한다. 왕후가 거절하자 왕은 분노하여 그녀 대신 다른 왕후가 통치할 것이라는 칙령을 내린다. 이를 위

해 왕은 그의 영토 곳곳에서 아리따운 처녀들을 왕궁으로 데려오라는 명을 한다. 이 여자들 중에서 새로운 왕후가 간택될 것이다. 모르드개라는 유대인에게 아름다운 조카가 있으니 에스더였다. 모르드개는 에스더를 왕 앞에 데려가면서 유대인임을 밝히지 않도록 각별히 주의하라고 한다. 에스더가 왕후가 된 후 왕궁의 문지기가 된 모르드개는 왕을 살해하려는 음모를 알게 되어 그 사실을 에스더에게 전하고, 에스더는 왕에게 알려 음모자들은 사형에 처해진다.

한편, 하만이라는 사람이 고위관직에 오르게 되었는데, 자기가 지날 때마다 사람들에게 절을 하도록 명령을 내렸다. 모르드개가 유대인의 신앙 양심에 따라 절하기를 거부하자, 하만은 분노하여 그를 죽이기로 결심한다. 하만은 왕을 설득하여 어느 하루를 정해 유대인을 몰살하는 칙령을 내리게 한다. 이 칙령에 의해 자기 민족이 무서운 곤경에 빠지게 된 것을 알게 된 모르드개는 에스더에게 왕 앞에 나아가 유대인들을 위해 중재할 것을 간청한다. 에스더가 유대인이기 때문에 이 사명을 떠맡기에는 위험했지만, 그녀는 기꺼이 목숨을 걸고 완수하려 한다. 한편, 하만은 왕이 칙령을 내리자 기뻐하고, 살육이 일어날 것을 기대하며 모르드개를 처형할 교수대를 설치한다.

어느 날 밤, 왕은 잠이 오지 않아 종들에게 궁정일지를 읽으라고 명한다. 종들은 왕을 살해하려는 음모가 모르드개에게 발각되어 왕의 목숨을 구하게 된 경위를 읽는다. 왕은 자신을 구해 준 사람에게 아무 포상도 하지 않은 것을 깨닫고, 그에게 적합한 상이 무엇일까 궁리하기 시작했다. 왕은 하만이 밖에 있는 것을 알고는 그를 자기 방으로 불러 왕이 '존귀케 하기를 기뻐하는' 사람에게 어떻게 하여야 하겠느뇨, 하고 물었다. 하만은 자기가 존귀케 될 사람이라고 생각해 많은 진기한 것들을 제안한다. 하만이 말을 마치자 왕은 그 모든 것을 모르드개에게 행하여 존귀케 하라고 명령한다. 결국, 하만은 자기가 모르드개를 위해 준비한 그 교수대에 서게 되고, 본래 유대인들을 죽이려고 정한 그날 칙령이 뒤바뀌어 유대인들에게 원수를 죽이는 것이 허락된다.



이스라엘 역사에서 선지 시대가 가고, 야훼의 말씀에 대한 직접적인 선언은 사라졌지만, 과거의 선지자들이 선언한 이상(理想)들은 여전히 존재했다. 그러나 그것들을 기록할 새로운 문학형태가 필요했다. 그 중 하나가 짧은 이야기로, 저자는 이야기를 통해 자기가 가르치고자 하는 교훈을 분명하게 나타낼 수 있었다. 예를 들어, 요나서에서 저자는 요나뿐 아니라 전 유대민족에게 편협한 민족주의에서 벗어날 것을 권한다. 이 교훈을 가르치기 위해 세세한 인물들과 사건은 빼고, 저자의 의도를 잘 살릴 수 있는 인물과 사건을 설정한 것이다.

룻기는 세계주의를 옹호하는 또 하나의 짧은 이야기다. 이 이야기의 목적은 히브리인과 외국인의 혼인을 금하는 법에 항의하려는 것이다. 룻기는 과거에는 야훼께서 외국인과의 결혼을 반대하지 않으셨다는 것을 조심스럽게 보여주려고 한다. 룻기 전체를 통해 하나님께서 외국인과의 혼인을 싫어한다는 기미는 없다.

에스더서는 요나와 룻의 이야기와는 달리, 유대 민족주의 정신을 보여준다. 이것은 종교적인 이야기라기보다 애국적인 이야기이므로 이것이 정경에 포함되어야 하는지 의구심을 갖는 사람들도 있다. 이것이 정경으로 받아들여진 주된 이유는 부림절*의 기원에 대한 설명이 포함되어 있기 때문일 것이다. 자기 민족을 살리려고 목숨을 기꺼이 희생하려는 에스더의 결심이 이 이야기에서 가장 고귀한 정점이다.

---

* **부림절:** 유대인들의 축제. 유명한 모르드개의 일화에서 유래한 축일로, 성서에서 가장 유쾌한 날이다.

# 다니엘 *Daniel*



　　다니엘서는 구약에서 대표적인 묵시록에 속한다. 묵시록은 유대인들이 겪은 좌절에 대응하여 널리 사용하게 된 기록의 형태를 말한다. 수백 년 동안 유대인들은 지상에서 정의와 의가 다스리기를 고대했다. 그러나 이 소망은 이루어지지 않고 히브리인들의 운명은 세대가 지나갈수록 더욱 어려워졌다. 이와 동시에 악의 세력은 끊임없이 강해졌다. 이러한 상황 때문에 그들은 야훼의 초자연적인 개입에 의해서만 바라는 목표가 이뤄질 것이라는 믿음을 갖게 되었다. 이 시기가 오기 전에, 악의 세력은 계속해서 더욱 강해지고 의인들에 대한 핍박은 더욱 가혹해질 것이다. 정한 시기가 되면 커다란 재앙이 이 세계를 삼킬 것이다. 악은 멸망당하고 메시아 왕국이 세세 무궁토록 세워질 것이다. 묵시 문학의 목적은 의인들로 하여금 진실하고 자신들의 믿음의 원칙에 충실하도록 격려하는 것이다. 묵시 문학은 그 시기가 멀지 않고 그들의 구원이 임박했다는 확신을 주었다. 묵시 문학의 주된 특징 가운데 하나는 그 글이 실제로 쓰여지기 오래 전에 살았던 사람에게 임했던 꿈이나 환상 이야기가 나온다는 것이다. 그러한 환상에서는, 메시아 왕국이 세워지기 전에 일어날 사건들에 관해 일련의 예언이 주어진다. 이러한 예언들은 환상중에 보여진 대로 정확하게 이루어질 것이다. 단, 대재앙이 오기 전의 마지막 예언들은 예외다. 이러한 묵시의 실현을 되풀이해서 얘기함으로써 아직 실현되지 않은 예언이 가까운 장래에 일어날 것이라는 믿음을 고취시켰다. 분명히, 묵시록을 기록한 사람들은 야훼께서 과거뿐 아니라 미래도 알고 계시며 이러한 비밀들을 받기로 선택받은 개인들에게 그 비밀들을 계시할 수 있다고 여겼다. 이런 예언들은 구체적인 사건들 및 확실한 기간과 연관되어 있었고, 특정한 사건이 일어날 정확한 시기를 가리켰다. 묵시를 기록하던 때는 항상 위기의 시대였으며, 이 시대는 의로운 사람들이 핍박받고 원수의 손에 죽임을 당할 위협에 직면한 때였다.

시리아의 왕 안티오쿠스 에피파네스 치하에서 유대의 핍박은 다니엘서를 쓰도록 이끌었다. 이 위기의 시대에 유대인들은 우상에게 경배하기를 거부하거나, 계속해서 야훼께 기도하거나, 음식에 관한 율법을 지키거나, 안식일에 경배하거나 하면 죽인다는 위협에 처해 있었다. 많은 유대인들이 목숨을 건지기 위해 안티오쿠스와 시리아 관리들의 명에 굴복했으나, 일부는 형벌을 받음에도 불구하고 자기들의 관습과 믿음에 대한 충성심을 지켰다. 믿음 때문에 이토록 가혹한 시험을 당하는 사람들을 격려하기 위해 다니엘서가 기록된 것이다.

이 책은 두 부분으로 나뉘어 있다. 한 부분은 바벨론에 사로잡혀간 시기에 살았던 히브리인들과 안티오쿠스 치하에서 유대인들이 당한 곤경과 비슷한 곤경을 당한 히브리인들에 대한 일련의 이야기들이다. 다른 부분은 더 직접적인 묵시의 형태를 띤 것으로 미래의 사건을 예언한 일련의 환상들로 이루어져 있다.

이 책의 앞 부분에 기록된 이야기 중에는 네 명의 젊은 히브리인들에 관한 것이 있다. 이들은 왕의 식사법을 따르도록 명령을 받았으며, 만약 순종하지 않으면 죽임을 당한다는 위협을 당했으나 거부했다. 이 젊은이들은 자기들의 종교 원리에 충실했으며, 충성심에 대한 보상으로 불순종에 대한 어떤 형벌도 받지 않았으며, 높은 영광을 얻고, 우수하다는 선언을 받았다.

다른 이야기에서는 세 명의 젊은 히브리인들이 바벨론 왕을 기리는 신상에 엎드려 절하라는 왕의 명령을 받았으나 이 명령에 복종하기를 거부하고, 그 결과로 평소보다 7배나 뜨거운 풀무에 던져지게 된다. 하지만 야훼께서는 이들을 위해 기적을 베풀어 그들은 조금도 상하지 않은 모습으로 옷에 불 탄 냄새조차 없이 풀무에서 나온다. 또 다른 이야기에서는 다니엘을 파멸시키려는 음모가 꾸며진다. 다니엘은 히브리인이지만 바벨론의 다리우스 왕의 정부에서 요직에 있었다. 왕은 일정 기간 동안 왕이 인정한 신들 외에 누구에게든지 기도를 하면 모조리 사형에 처한다는 금령에 어인을 찍으라는 재촉을 받는다. 다니엘은 이 금령을 무시하고 예루살렘을 향한 자기 창문을 열고 야훼에게 계속 기도한다. 그는 사자굴에 던져진다. 다시 야훼는 자기의 충성된 종을 구해 그를 사자들에게서 건져낸다.

이 책의 묵시록적 부분에서는 꿈과 환상이 바벨론 포로 시기부터 메시아 왕국의 건설에 이르기까지 여러 국가의 부침에 관한 예언으로 해석된다. 어느 장에서 우리는 느부갓네살의 꿈 이야기를 듣는다. 그는 꿈에서 거대한 신상을 보는데, 머리는 금이요, 가슴과 팔은 은이요, 배는 청동, 다리는 철, 발은 철과 진흙이 섞여 있다. 다른 환상에서 다니엘은 네 짐승이 바다에서 올라오는 것을 본다. 이 짐승들 중 하나는 사자인데 독수리의 날개를 가졌고, 다른 하나는 곰인데 입에 세 개의 갈빗대를 물었으며, 세 번째는 표범인데 네 머리와 네 날개가 달렸고, 넷째 짐승은 크고 무섭다고 묘사되었는데 일곱 머리에 열 뿔을 가졌고, 그 사이에 다른 뿔이 있는데 사람 같은 눈과 입이 있어 무서운 일들을 말하였다. 다른 환상으로는 양과 수염소에 관한 것이 있다. 2,300일, 70주, 1,235일, 또 다른 특정한 시기에 관한 예언적 기간이 설명되고 해석된다. 이 책의 마지막 부분에서는 구약에 처음으로 분명하게 나오는 죽은 자의 부활에 대한 언급이 등장한다.

다니엘서는 간혹 구약의 선지서들과 함께 분류되는데, 이런 실수는 선지서와 묵시록의 뚜렷한 특징을 구별하지 못하는 데서 기인한다. 다니엘서는 묵시록에 속하며 여러 면에서 선지서와는 날카롭게 대조를 이룬다. 예를 들어, 묵시록적인 문건에서는 다가올 사건에 대한 예언이 확실하고 구체적이다. 언제 어떤 사건이 일어날지 정확한 시간이 제시된다. 그러나 선지서에 기록된 예언들은 일반적인 특성을 가지며, 도덕적 문제에 관해 사람들이 어떻게 결심하는지에 따라 예언의 내용이 달라진다. 다시 말하면, 장래에 관한 선지자들의 진술은 인간의 자유로운 선택과 항상 일치된다. 그러나 묵시록은 그렇지 않다. 묵시록에 관한 한, 예언된 것은 반드시 일어난다. 아득한 과거에 예언된 내용이 정확하게 성취된 것처럼 느껴지는 것은 묵시록이 그 사건들이 일어난 후에 기록되었기 때문이다. 그러나 그 예언들은 사건이 일어나기 전에 기록된 것처럼 보인다.

다니엘서에 나오는 증거는 그 책이 마카비 전쟁중에 기록되었음을 뒷받침한다. 그러나 그 책의 예언들은 바벨론에 끌려간 한 히브리인에게 계시된 것처럼 제시된다. 느부갓네살의 꿈은 네 개의 거대한 세계 제국의 흥망에 대한 예언이라고 해석된다. 네 개의 제국은 바벨론 왕국, 메대-바사 왕국, 그리스 왕국, 유대인들을 핍박한 악한 세력을 말한다. 산에서 떨어져 나와 신상의 발을 쳐 신상이 조각나게 한 돌은 이 악한 세력의 멸망과 메시아 왕국의 건설을 상징한다. 이밖에도 다니엘이 환상중에 본, 바다에서 올라오는 네 짐승, 열 뿔 달린 짐승, 양과 수염소 등은 같은 예언으로 해석된다. 죽은 자들이 부활하는 사건이 기록된 것으로 보아, 당시 히브리인들 사이에 부활의 개념이 받아들여지기 시작한 것 같다.

# 시편 *Psalms*



시편은 일반적으로 가장 널리 읽히고 구약의 모든 책들 가운데서 가장 귀하게 여겨지는 것으로 시와 찬송과 기도 모음집이다. 이것은 유대인들이 역사의 다양한 시기를 통틀어 종교적 느낌을 표현한 것이다. 시들에 내재된 아름다움과 이것들이 전해 주는 정서는 시의 이해를 돕는다. 특히 시편은 기독교는 물론 유대교 사원과 회당에서 사용되고 있다. 시편은 고대 이스라엘의 종교의식을 이해하는 데 특별한 의미가 있다. 유대인들이 어떤 생각을 했는지는 선지자와 현자들이 어느 정도 짐작케 해주지만 시편은 그들의 느낌을 아주 분명하게 전달하고 있다. 여기서 우리는 사람들 마음속의 희망과 기쁨과 슬픔, 충성심, 염려, 열망을 발견할 수 있다.

시편은 다양한 경험과 감성이 담겨 있기 때문에 분류가 어렵다. 각기 다른 시들의 배경이나 역사적 상황을 재구성하기는 더욱 어렵다. 선지서의 경우에는 어느 정도 정확하게 재구성할 수 있지만 시편은 그렇지 못하다. 시들은 서로 다른 상황에서, 그리고 이스라엘 역사 전반에 걸쳐 전개된 위기상황에 다양한 방식으로 대응했던 사람들의 내적인 삶을 표현하고 있다. 이들은 같은 생각을 한 것이 아니며, 그들이 지킨 의식에 대해서도 같은 느낌을 가진 것이 아니었다. 각기 다른 시들의 정확한 상황을 알 수 있다면 도움이 되겠지만 우리가 할 수 있는 최선은 각각의 시들에 대해 가장 근사한 특정 상황을 찾아내는 것이리라. 전체적으로 보면 시편은 유대인들의 종교적 삶에 대한 일종의 개요로 간주된다. 구약의 나머지 부분이 없어진다 해도 이스라엘 사람들의 근본적인 신앙은 이 책 한 권으로도 다시 회복할 수 있을 것이라고 한다.

전해지는 이야기에 따르면 시편은 모두 다윗 왕이 쓴 것이라고 하지만 대부분의 시편은 저자를 알지 못한다. 다윗 왕이 몇 편의 시를 썼을 가능성은 있으나 확실하지는 않다. 최근의 발굴과 발견에 의하면 시편과 일부 유사한 것들이 전제 왕조 시대에 존재하고 있었으며, 다윗이 '이스라엘의 달콤한 음악가'라고 불렸다는 사실이 이러한 전승을 뒷받침해 준다. 그러나 대부분의 시편은 다윗 왕 훨씬 이후에 전개된 사상과 상황을 반영하고 있다. 예를 들면, 어느 시에서는 이사야가 생존했던 시기의 일들을 다루고 있다. 또 다른 것들은 바벨론 포로생활을 다루는가 하면 마카비 전쟁중에 쓰여진 것으로 보이기도 한다. 초기의 시 모음집에는 "다윗의 시"라는 제목이 붙었을 것이다. 그리고 여기에 다양한 시기의 여러 다른 시들이 추가되었을 것이다. 우리가 알고 있는 다음과 같은 시들이 그러하다. '고라 자손의 시', '아삽 자손의 시', '할렐루야', '순

례자의 시' 등이다. 시편의 현재 형태는 5개 부분으로 나뉘어
진다. 1장-41장, 42장-72장, 73장-89장, 90장-106장, 107장
-150장이다.

시편은 예루살렘 성전에서 거행되는 예배에 사용되었다.
신자들은 가능한 한 1년에 한 번은 예루살렘 예배에 참석해야
했으므로 중앙 성소로 오는 동안에 순례자들은 이 노래를 불
렀다. 어떤 노래들은 예루살렘이 눈앞에 나타날 때 불렀고, 또
어떤 것들은 성전 입구에 서서 불렀다. 어떤 노래는 돌림노래
여서 예배할 때 필수적이었다. 찬송가와 기도는 적절한 시기,
즉 어떤 것은 새해의 첫날에, 어떤 것들은 축제일, 야훼의 대
관식 등, 유대 역사에서 중요한 행사에 사용되었다. 야훼의 권
능으로 이룩한 것을 찬양하는 노래, 유대인들이 적의 손에서
해방된 것을 감사하는 노래, 율법을 찬양하는 노래도 있다.

시편은 다양한 주제를 담고 있다. 예를 들면, 어느 시는
앗수르 군대가 유대를 침공했을 때 야훼께서 나타나 막아준
것을 찬양한다. 예루살렘 도시를 그대로 남겨둔 채 갑작스럽
게 군대를 철수한 것 역시 아주 기쁜 일이다. 시편 146장의 주
제는 가난하고 억압받는 사람들에 대한 야훼의 사랑이다. 외
세에 의해 백성들이 포로로 잡혀가야 하는 나라의 운명에 대
한 슬픔과 절망의 기도가 시편 42, 43장에 기록되어 있다. 시
편 22장에도 동일한 심정이 보이는데, 여기에는 영혼 깊은 곳
에서의 울부짖음이 나타난다. "나의 하나님, 나의 하나님, 어

이하여 저를 버리셨나이까?" 바벨론 포로생활은 시편 137장에 기록되어 있다. 거기에는 "우리가 바벨론의 여러 강변 거기 앉아서 시온을 기억하며 울었도다"라고 하였다. 시편 중에서도 가장 긴 119장은 율법을 찬양하는 알파벳 노래다.

시편은 가르침이 목적이 아니라 신앙심에서 우러나오는 마음을 표현한 것이기 때문에 교훈으로 요약하기가 쉽지 않다. 그럼에도 시편에는 개인이나 나라 전체의 경험과 관련해 야훼의 실존과 중요성 등, 시를 쓴 목적에 불가결한 어떤 사상이 담겨 있다. 실제로 야훼의 개념은 시마다 동일하지 않다. 이 차이는 글쓴이 각자가 자신에게 가장 적합하게 그 개념을 설정하기 때문이다. 때로 야훼는 사랑과 친절과 자비의 신으로 그려지기도 하고, 어떤 경우에는 자신의 명령을 듣지 않는 자를 멸망시키는 분노의 신으로 묘사되기도 한다. 언제나 변하지 않는 것은 야훼의 영원성, 전지전능, 그리고 그의 권능과 선함이 무궁하리라는 점이다.



시편은 오늘날의 독자들에게 유대인들의 종교적 삶에 대해 구약 어디에서도 찾아볼 수 없는 통찰력을 주고 있다. 예레미아와 몇몇 선지자들이 종교의 내면적인 요소를 강조했지만 그것은 기본적으로 사원 행사와 같은 형식적인 것에 대한 반대 입장에서 비롯된 것이다. 시편에는 신앙인들의 기다림, 희망, 슬픔, 절망 등이 아주 잘 나타나 있다.

구약의 다른 부분들과 마찬가지로 시편도 원본에 수시로 추가되고 수정이 가해졌다. 예를 들면, 시편 51장의 앞부분은 야훼에 대한 진정한 신앙은 제물을 바치거나 의식적인 요구조건을 잘 지키는 데 있지 않고 마음과 태도에 있다는 선지자의 정신을 강조한 것이지만 그 이후에는 포로시대 이후의 시대적인 분위기의 영향을 받아 다시 제단에 희생물을 바치는 것이 중요하다고 강조한다.

# 애가 | 아가(雅歌)
## Lamentations | Song of Songs



**애가**　애가는 예루살렘 함락으로 포로로 끌려가는 사람들의 운명이 주된 내용을 이룬다. 이 책에는 5편의 시가 실려 있는데, 각각은 서로 다른 사람이 쓴 것으로 보인다. 이들은 모두 도시의 몰락과 거기에 관련된 사건을 다루고 있는데, 야훼를 믿는 사람들의 신앙에 심각한 시험이 가해지는 끔찍한 경험을 담고 있다. 시들은 이러한 공포를 그리고 있다. 예루살렘이 함락되고, 기근이 일어나 사람들을 절망에 빠뜨리고 있다. 시드기야 왕과 일단의 군인들이 야간을 이용해 탈출을 시도하다가 바벨론 군대에 의해 좌절된 다음 느부갓네살 앞으로 끌려와 처벌을 받는다. 시드기야는 자기 아들들의 처형 장면을 강제로 보아야 했다. 그 후 눈이 뽑힌 그는 바벨론으로 끌려가 지하감옥에서 평생을 보낸다. 애가의 한 시를 쓴 시인의 마음에는 기근으로 인한 고통과 유대 마지막 왕의 끔찍한 운명으로 빚어진 분노가 생생하게 나타나 있다. 그의 시는 유대인들이 고통받을 때 바벨론의 편을 들었던 에돔에 대해 아주 가까운 날에 파멸을 맞을 것이라는 예언으로 끝을 맺는다.

다른 시에서는 유대인들이 당하는 끔찍한 비극의 원인을 찾으려는 시도가 보인다. 저자는 진노한 야훼가 내린 파멸을 탄식하고 이스라엘의 적들로부터 비웃음만 자아낸 선지자들의 비참한 맹세를 비난하면서 야훼 앞에 울며 용서를 구하자는 내용을 시온 사람들에게 전하고 있다. 어떤 글자들을 모으면 이름 또는 이야기가 되는 구성이나 형식에서 유희시인 세 번째 시는 가운데에 위치하고 있다. 이 책의 마지막 시는 재앙에서 살아남은 사람이 야훼에게 자비와 도움을 간구하는 기도다.

**아가** 종교적인 내용이라기보다는 세속적인 사랑시나 결혼노래 모음이다. 아가서는 특히 동양적인 결혼식 모습을 그리고 있다. 신랑은 왕이고 신부는 왕비이며, 잔치는 일주일 동안 계속된다. 아가는 특히 왕비의 육체적인 아름다움을 기리고 있다. 이 노래들은 결혼의 신성함이라든가 결혼에 관한 도덕적·정신적인 측면은 하나도 없다. 노래 중 하나는 봄철의 사랑을 노래하며 서양 독자들을 화나게 할 정도로 선정적인 내용으로 가득하다. 그러나 육체적인 사랑이 동양 사람들의 생각으로는 천박하다거나 음란한 것으로 간주되지 않았다는 것을 기억해야 한다. 오히려 인간의 삶에서 중요한 요소였으며, 시로 찬양하기에 적절한 주제였다. 우화적인 요소가 아니었더라면 이것이 구약에 포함될 가능성은 전혀 없어 보인다.

애가의 저자는 알려지지 않고 있다. 이 책에 실린 초기의 시들이 이름이 알려지지 않은 채로 '애가'로 불려지게 되었다. 나중에는 '예레미아의 애가'로 불렸으며 여러 구약 책에서는 그렇게 사용되고 있다. 이 책의 그리스 번역판 서문에는 이스라엘이 포로생활에서 풀려났을 때 예루살렘은 황폐했으며, 그 예루살렘을 보고 예레미아가 탄식하면서 이 글을 썼다고 한다. 그러나 그가 저자라는 말은 어디에도 나타나 있지 않으며 여러 사람이 쓴 것으로 보인다. 후세 사람들이 시의 권위를 높이기 위해 그의 이름을 사용한 것 같다.

아가서에는 솔로몬의 이름이 여러 번 언급되고 있어 그의 작품으로 알려지고 있다. 왕과 왕비의 결혼식 주빈이 솔로몬과 술람미 처녀였을 것으로 추정된다. 이것이 구약에 포함된 이유는 야훼와 그의 백성과의 관계를 우화적으로 그린 내용이기 때문이다. 유대인들은 야훼를 신랑으로, 이스라엘을 신부로 이해한다. 후대의 기독교인들은 아가를 예수와 교회의 결합으로 보고 있다.

## 외경 및 위경

　전도서의 저자가 "책을 만드는 것은 끝이 없도다. 그리고 지나치게 많은 공부는 육체를 지치게 만든다"고 기술했을 때, 그는 분명 알 가치가 있는 모든 것은 이미 쓰여졌고, 더 많은 책을 쓴다고 해도 얻을 게 없음을 분명히 한 것이다. 그러나 전도서의 완성으로 글쓰기가 끝난 것은 아니었다. 유대인들은 책 쓰기를 이어갔으며, 이들 중 상당수는 다른 내용에 포함되어 결국은 구약의 일부가 될 가치가 있다고 믿었다. 마침내 성서에 야훼의 권위적인 말씀으로 포함될 것과 제외될 것들을 가리는 일이 필요했다. 그것이 한꺼번에 결정된 것은 아니었다. 어떤 글은 의문의 여지없이 결정되었으나 어떤 것은 그렇지 않았으며, 또 다른 것들은 전혀 받아들여지지 않았다.

　지금의 구약에 포함된 모든 책들에 관해 유대의 랍비들 사이에 전체적인 합의가 이루어지기까지는 수세기의 시간이 필요했다. 대다수 유대인들은 분명히 영감의 수준을 잣대로 받아들였다. 예를 들면, 율법서로 알려진 모세편은 영감이 넘쳐 가장 권위 있는 글로 간주되었다. 율법 다음으로는 역사적인 글들과 예언서들이 뒤를 이었다. 이 예언서들도 영감과 권위를 담은 책으로 간주되었지만 율법서보다 다소 낮은 급이었다. 제서(諸書) 또는 잡서로 불리는 세 번째 부류는 여전히 영감과 권위를 가진 것이지만 예언서보다는 급이 낮았다. 이들 외에도 귀중하고 예배에 사용하기에 적합한 두 부류, 즉 외경과 위경이 있지만 이것은 교리 확립에 필요한 권위 있는 자료는 아니었다.

# 외경 *The Apocrypha*

외경(外經)은 구약의 일부 번역본에서만 발견되는 부류의 글에 주어진 이름이다. 이 문서들은 대부분 가톨릭 성경에 포함되어 있으며 개신교 성경에는 포함되지 않는다. 그러나 19세기 중반까지는 개신교 성경에도 포함되어 있던 내용이다. 382년에 교황으로부터 새로운 성경의 번역본을 만들라는 임무를 부여받은 성 제롬은 원본을 구하기 위해 팔레스타인이 아닌 이집트의 알렉산드리아로 갔다. 그러는 동안 그는 팔레스타인 판에서는 없으나 알렉산드리아나 그리스 판에는 들어 있는 14권의 책을 찾아낸다. 그러자 새롭게 찾아낸 책들의 지위를 놓고 의문이 제기되었다. 외경이라는 이름은 '감추어진 것'의 의미로, 이것을 쓴 사람이 당대가 아닌 후대 사람들에게 전한다는 신념으로 쓴 것이어서 그런 이름이 붙여진 것이다. 이 책의 의미는 미래의 어느 시기에 자격이 주어진 사람이 번역해 공개되기까지 알지 못했을 것이다.

외경은 역사, 짧은 이야기, 지혜서, 그리고 정경(正經)에 추가된 내용으로 구성되어 있다. 역사서에는 마카비 상·하 *1 and 2 Maccabees*, 에스드라 상·하 *1 and 2 Esdras*가 들어 있다. 마카비 상·하에는 마카비 전쟁을 다른 관점에서 본 설명이 있다. 마카비 상에는 사두개인*들의 입장으로 알려진 이야기가 있으며, 마카비 하에는 바리새인**들의 입장을 반영하고 있다. 에스드라서 두 권은 성격은 계시적이지만 유대 역사를 과거에 이루어진 예언으로 묘사하고 있다. 지혜서에는 '지저스 벤 시락의 지혜'로 불리는 집회서가 포함되어 있다. 집회서는 잠언와 유사한 책으로 훨씬 더 많은 주제들을 다루고 있으며, "이제 유명인사를 존경하라"는 유명한 말로 끝맺고 있다. 저자는 이스라엘에서 가장 유명한 사람의 명단에 자신을 포함시키고 있다. '솔로몬의 지혜'는 전도서에서 제기하는 논쟁에 대한 대답으로 쓰여진 듯하다. 거기에서 저자는 유대 역사에 영향을 미친 존재로서의 야훼를 믿는다. 흥미롭게도 저자는 사후의 삶을 믿고 있었다.

토빗과 유디스는 외경에 포함된 짧은 이야기다. 일부판에서는 토비아스라고 불리기도 하는 토빗은 자기들 종교의 의식적 요구에 충실했고, 선행으로 인해 푸짐한 상금을 받은 유대인들에 관해 논한다. 유디스는 여러 면에서 에스더와 비슷하다. 유디스는 예루살렘이 앗수르에 포위되고, 자기 백성

---



* **사두개**: 기원전 2세기부터 기원전 1세기 사이에 활동한 유대교의 한 종파. 천사와 영을 부인하던 현실적인 교파다.

** **바리새**: 유대교의 한 종파. 사두개인과 대조적으로 율법의 준수와 종교적인 순수함을 강조하였다.

이 위기에 처했던 시기에 예루살렘에 살던 한 유대 여인의 이야기를 들려준다. 그 여인은 충성스러운 유대인일 뿐 아니라 용감해서 적진에 침입해 유대인들이 혁혁한 승리를 거두도록 만든 계략을 성공시킨다.

　다니엘서에 몇 가지 내용을 첨부한 책이 외경에 포함되어 있다. 이 중의 하나인 '아사랴의 기도'는 느부갓네살 왕에 의해 풀무불에 던져진 한 히브리인이 드린 기도를 기록한 것이라고 전해진다. 다른 첨부서인 '세 자녀의 노래'는 느부갓네살의 풀무에서 구원받은 기이한 방법에 대한 감사의 표현으로 히브리인들이 부른 찬송이라고 한다. '수산나의 역사'는 부당하게 간음죄로 고발당한 한 여인에 대한 이야기다. 그녀를 고발한 자들의 사악함과 그녀의 결백함이 선지자 다니엘에 의해 밝혀진다. '벨과 용' 이야기는 다니엘이 자기를 죽이려고 하는 원수들의 손에서 어떻게 구원받았는지를 기술한다. 에스더서에 첨부된 내용은 모르드개의 꿈을 전하고 있는데, 그 꿈속에서 임박한 사건들이 모르드개에게 계시된다. 바룩의 책은 예레미야서에 첨부된 것이다. 어떤 판에는 '예레미야의 편지'라는 부분이 포함되어 있다고 한다. '므낫세의 기도'는 역대서에 기록된 한 이야기를 보충한 것인데, 생전에 악한 일을 많이 행한 므낫세가 죽기 전에 회개한 것을 전한다.

# 위경 *The Pseudepigrapha*

위경(僞經)은 진짜 기록자가 아닌 다른 사람이 썼다는 일단의 기록을 가리킨다. 이런 종류의 많은 기록이 기독교 시대의 직전과 직후 세기에 출현했으며, 대부분이 묵시록적인 특징을 가지고 있다. 몇 가지 사례에서, 로마 정부의 지배를 당하던 시기에 대다수 유대인들에게서 나타난 특히 강한 율법적 태도를 반영한다. 이런 형태의 문헌은 신약 시대에 사용되었다. 신약 시대의 책들에는 외경과 위경에 대한 언급이 있다.

외경 가운데서 가장 중요한 것은 에녹의 책이다. 상대적으로 늦은 책이지만 에녹이 썼다고 여겨진다. 에녹은 하늘과 땅에 속한 모든 종류의 신비를 계시해 주는 환상을 받았다. 이 책의 한 부분에는 '몇 주간의 묵시'가 포함되어 있다. 이것은 한 환상을 말하는 것으로, 역사의 전 과정인 창조로부터 메시아 왕국의 건설까지가 에녹에게 계시된다. '12족장의 언약'은 야곱의 열두 아들에서 유래한 것이라고 하며, 이스라엘의 열두 지파 각각의 미래에 관한 일련의 예언을 담고 있다. '신비의 신탁'은 고대 예언자들에게 주어졌으나 현대적 사건에 비추어 편집되고 다시 쓰여진 소위 계시 모음집이다.

'모세의 위임'은 모세가 후계자에게 연설하는 것처럼

기록된 또 하나의 묵시록이다. 모세가 죽기 직전에 그에게 임한 환상에서 히브리 역사의 전 과정이 미리 계시된다. 이스라엘 민족의 최후의 승리는 초자연적인 개입에 의해 이루어질 것이다. '에녹의 비밀'은 꿈-환상에 관한 것인데, 여기서 에녹은 일련의 천국을 통과하여 하나님이 계신 곳까지 옮겨진다. 여기에서 창조된 우주에 관한 많은 신비들이 에녹에게 설명된다. 거기에는 메시야 왕국이 건설될 때까지 흘러가야 할 시간의 길이도 포함된다. 묵시록의 다른 예로는 바룩 2권과 3권, 에스라 4권이 있다. 에스라 4권은 악의 기원과 악이 최후로 우주에서 추방당하는 방법 등에 대한 의문점을 논한다.

　　위경에 속한 모든 문건이 묵시록적 특성을 지니고 있지는 않다. '솔로몬의 시편'은 의(義)의 바리새적 개념을 찬양하는 시 18편을 모아놓은 것이다. 이 책에 설명된 의의 기준은 완전한 하나님의 율법에 온전히 순종하는 것이다. 마카비 4서는 윤리의 장에 관한 것으로, 열정을 제어하는 이성의 힘에 대한 담화다. 야곱, 요셉, 모세와 다윗 등의 경험에서 예를 들고 있다. '아히갈의 이야기'는 고대 히브리의 민화에 속한다. 이 이야기의 영웅은 앗수르 왕궁의 관리다. 그를 죽이려는 사람들이 사악한 계략을 세우지만, 계략은 실패하고 아히갈은 원수들에게 보복한다. '희년의 책'은 모세에게 계시된 율법을 찬양한다. 이 율법은 영원한 것으로 선포되며, 그 명령에 순종하는 것의 중요성은 역사의 전 과정을 통해 설명되고 있다. 율법에 대한 약간 다른 태도가 소닥서에 제시되어 있다. 소닥은 제사장들의 형식주의와 비행을 없애기 위해 고안된 개혁운동을 지지하여 기록된 것이다. 거룩한 전설 중에서 아리스데아의 편지를 발견할 수 있다. 그 안에는 히브리 문헌의 70인역*이 만들어지게 된 상황이 묘사되어 있다. 아담과 이브의 서는 아담과 이브가 에덴동산에서 쫓겨난 직후에 일어난 사건들에 관한 사람들의 믿음을 기록한다. 마지막으로, '이사야의 순교'는 선지자 이사야가 사악한 므낫세 왕의 손에서 죽음을 맞이하는 방식을 묘사하고 있다. 이사야는 톱으로 켜는 형벌을 받았다고 한다.

---

* **70인역**: 구약성서의 그리스어 번역본. 72인의 유대인이 72일간 번역했다고 함.

# 一以貫之

# 논술노트

- 구약, 신과 인간의 계약
- 생각할 거리들
- 실전 연습문제

一以貫之는 '논어'에 나오는 말로 '모든 것을 하나의 이치로 꿴다'는 뜻입니다.

논술의 주제와 문제 유형, 제시문들은 참으로 다양하고 가지각색입니다. 그러나 그 모든 것을 하나로 꿸 수 있습니다. '인간사회의 보편적 문제들에 대한 근원적인 물음에 답하는 자기 나름의 견해'라는 것이지요. 논술은 인간이면 누구나 부닥치는 개인적 또는 사회적 문제들에 대한 자기 나름의 고민이자 성찰입니다. 논술은 자기견해, 자기 가치관, 자기 삶에 대한 솔직한 고백입니다.

一以貫之 논술 연구모임은 '자신의 물음'과 '자신의 생각'을 갖고 '자신의 글'을 쓸 수 있도록 도와줍니다.

# 구약, 신과 인간의 계약

## 당황스러운 베스트셀러

성경이라고 하면 누구나 고전 중의 고전으로 꼽는다. 그만큼 많이 찍힌 책도 없고, 그만큼 많은 언어로 번역된 책도 없으며, 그만큼 오랜 기간에 걸쳐 읽힌 책도 없다. 그러나 말이 베스트셀러지, 덤벼든 사람들 대부분이 혀를 내두른다. 신약은 예수의 삶과 말씀에서 얻을 것이 많기에 그나마 읽을 만하다. 그렇지만 구약은 참 당혹스럽다.

물론 기독교인이나 유대교인에게 이 책은 '하나님 말씀'이므로 절대적이리라. 그러나 그러면 그럴수록 비기독교인이 읽기에는 더더욱 힘들다. 솔직히 나는 기독교인조차도 구약에 대해 거의 무지하다고 생각하는 편이다. 단편적인 지식 말고, 전체 흐름을 읽어내는 경우를 못 봤기 때문이다.

왜 이렇게 구약은 읽기가 힘들까? 그것은 다음의 몇 가지 이유 때문이다. 무엇보다 우리의 기본 상식과 맞지 않다. 엿새 만에 사람과 모든 것을 창조했다는 이야기는 진화론을 당연하게 받아들이는 우리 생각과 많이 다르다. 원죄설도 비상식적이다. 진지전능하신 하나님이라면, 사람이 선악과를 따먹지 말라 했다고 안 따먹을 것으로 생각할 리가 없지 않은가! 그렇다면 그건 신이 사람을 꼬드긴 것이라고밖에 할 수 없다. 그래놓고 원죄라고 하면, 그건 너무 억울한 일이다. 수많은 동물을 만들어놓고, '보시기에 좋았더라'고 하고선, 왜 뱀은 창조한 동물 중 사악한 것이라고 하는지도 의문이다. "신명기"에 보면 부정하니까 먹지 말라고 한 동물들 목록이 쭉 나온다. 돼지, 낙타, 박쥐 따위다. 그건 '보시기에 좋은' 동물 아닌가?

모순적인 내용도 참 많다. 선악과를 따먹고 난 이후 하나님은 아담에게 평생 땅을 갈아야 하는 형벌을 내린다. 그런데 원래 하나님은 땅을 갈아 경작하라고 사람을 만들었다. 그것이 왜 갑자기 형벌이 되는가? 또 하나님이 아담과 이브를 추방한 이유는 '이들이 생명나무의 과일을 먹고 영생을 얻을까' 싶어서다. 그러면서 흙에서 왔으니 흙으로 가리라, 즉 인간은 죽을 수밖에 없다고 한다. 어차피 영생을 못 얻을 운명이었는데 새삼 죽음이 형벌이 될 리 없지 않은가! 추방당한 인간의 행적에서도 모순은 있다. 추방 후 아담과 이브는 카인과 아벨을 낳는다. 카인이 아벨을 질투해 죽인다. 그 카인을 추방하면서 하나님은 이방사람들이 카인을 해치는 것을 막기 위한 징표를 준다. 이것은 참 이상하다. 이 사건 당시 지구상에 인간이라고는 아담, 이브, 카인, 이렇게 셋뿐이다. 도대체 어떤 인간이 카인을 해친단 말인가? 노아의 홍수 때 노아는 어떻게 그 많은 짐승을, 그것도 암수를 몽땅 다 긁어모을 수 있었는지, 그 먹이는 어떻게 충당했는지, 어떻게 초식동물과 육식동물이

한 군데서 그렇게 사이좋게 지냈는지, 등등.

　　다음으로, 구약을 읽다 보면 이건 영락없는 유대인의 역사서다. 그것도 솔직히는 '별 볼 일 없는' 민족의 '초라한' 역사다. 아브라함이라는 부족장의 자손들이 가나안 땅에 살았다. 그 후손 중 야곱의 아들 요셉이 형들의 시기 때문에 이집트로 팔려갔고, 출세한 요셉 덕분에 수많은 유대인이 400여 년가량 그곳에서 잘 살다가, 그들의 번식력에 놀란 파라오(람세스 2세)가 그들을 노예로 부렸는데, 그것을 딱하게 여긴 하나님이 모세를 지도자로 내세워 이집트에서 빠져나왔고, 시도 때도 없이 불평을 터뜨리는 백성들을 단련시키느라 광야에서 40년간 헤매게 하더니 이윽고는 여호수아를 지도자 삼아 가나안 땅으로 복귀했다. 이 430년 가량 가나안 땅에 살던 여러 부족들이 이들 '선민' 때문에 내쫓기는 신세가 된 것도 구약은 '당연하게' 여긴다. 마치 오늘의 팔레스타인처럼 말이다.

　　그렇게 조상의 땅, 아니 그보다 훨씬 넓은 땅을 차지한 유대인들은, 처음에는 열두 지파로 나뉘어 지내면서 주변 부족들의 영토수복전쟁에 '시달리면서' 지도자인 '사사(판관)'를 두게 된다. 그 중에는 유명한 삼손이 있다. 시달리다 지친 그들은 강력한 중앙집중제를 원하게 되고, 그렇게 해서 왕조가 시작된다. 그 왕조란 것도 참 보잘 것 없다. 고작해야 사울, 다윗, 솔로몬, 딱 이렇게 세 왕뿐이다. 솔로몬이 죽고 나서는 북(이스라엘)과 남(유대)으로 나뉜다. 그 왕조마저 앗수르와 바사에 잇따라 멸망하고, 수많은 유대인들은 바벨론으로 강제 이주당하는 신세가 되고 만다(이를 '바벨론 유수'라고 한다). 바사 왕 키로스의 은덕으로 원래 땅으로 되돌아왔지만, 헬레니즘 시대부터 다시 식민상태로 들어가게 되고, 기원전 63년부터는 로마의 식민지가 된다. 이상이 구약에서 알 수 있는 유대인의 역사다. 그 이후 예수가 등장하고, 서기 66년의 반란이 70년에 진압되면서 약 2,000년 동안 나라 없이 헤맨다는 사실은 잘 알려진 것이다.

이것을 한 민족의 역사로 읽는다면 그건 나름대로 재미있을 수 있다. 그러나 왜 이것이 가장 성스러운 말씀이 되어야 하는지는 의문이다. 하나님이 한 언약이나 그와 사람들이 맺은 계약이라는 것도 이스라엘이라는 민족과 맺은 것일 뿐, 사실 우리와는 아무런 상관이 없다. 여기서 구약의 하나님은 이스라엘의 하나님일 뿐이라는 사실을 알 수 있다. 우리 모두의 하나님이 되는 것은 예수의 등장 이후부터다. 그 예수마저도 구약의 연장선상에서 보면 인류 모두의 구원자라기보다는 이스라엘 백성의 메시아라는 느낌이 강하게 든다. 예수를 인류의 구세주로 삼으려면, 차라리 구약과 신약을 단절하는 게 낫겠다는 생각이 든다. 이렇게 따지면, 이스라엘 사람 아닌 우리가 굳이 구약을 성경으로 받아들일 까닭이 없다.

끝으로, 구약 전체의 구성이 뒤죽박죽이어서 스토리 전개가 힘들다. 연결이 되는 건 솔로몬 시대까지다. 이스라엘이 남북조로 나뉜 이후부터의 역사는, 성경만으로는 알 수 없다. 예언자들의 예언들이 줄줄이 나오는 예언서는 그 순서마저 뒤죽박죽이다. 역사서와 예언서 사이에 지혜서들(욥기, 잠언, 전도서)이나 시가서들(시편, 아가서)은 왜 끼어들었는지도 의문이다. 이래서 구약은 이스라엘 역사를 모르는 사람들이 읽기에 참 불편하다. 물론 힌두교의 경전들처럼 말씀 중심으로만 읽으면 되겠지만, 이스라엘 역사를 모르는 사람들이 읽기 힘들다는 사실만큼은 변함이 없다.

이렇게 따지노라면 구약은 어렵기도 하거니와 도대체 왜 이 책이 우리 모두의 성경이 되어야 하는지 의아스럽다. 이 의문을 해소하려면 구약이 인류의 성경으로 격상된 역사적 배경을 이해해야 한다. 특히 '이스라엘의' 역사서를 '우리의' 성경으로 만들기 위해 중세 교부(敎父)들이 어떤 일을 했는지 알아야 한다. 이 작업의 문제점을 살피면서 진정 구약에서 우리가 주목해야 할 것이 무엇인지, 구약에 어떤 자세로 접근해야 할지를 생각해야 한다.


## 구약을 위한 교부들의 시도

초기 기독교 신자 중 유대인들에게는 구약이 그리 힘든 책이 아니었다. 마태복음의 맨 처음을 보면 줄줄이 예수의 가계도가 나온다. 그 계보는 예수가 다윗에서 시작되는 이스라엘 왕의 혈통을 잇는다는 것을 보여준다. 이 점에서 마태는 유대인 출신 기독교인의 심정을 대변한다. 예수는 그들이 늘 기다렸던 메시아였던 것이다. 그러나 기독교는 유대인들만의 것이 아니었다. 오히려 날이 갈수록 이방인이 늘어났다. 그들에게 구약은 참 이상한 것이었다. 그리스 로마 신화는 천지창조에서부터 온갖 인간현상이나 자연현상의 기원을 풍성하게 설명하고 있다. 그러나 구약은 참 빈약하다. 고작해야 천지창조, 인간의 출현, 선악의 기원, 노동의 기원 정도를 설명할 따름이다. 게다가 구약의 역사라고 해봤자 초라하기 짝이 없다. 그에 비해 그리스 로마의 역사는 얼마나 화려한가 말이다. 그런 초라한 이스라엘의 메시아를 인류의 메시아로 받아들이라는 꼴이니 황당하기조차 했을 것이다.

그러나 그들이 예수를 구주로 영접하기로 한 이상, 그의 출현을 예언한 구약을 막무가내로 거부할 수는 없는 노릇이다. 그렇다면 남은 일은 하나, 어떻게든 구약을 보편적인 성경으로 해석해내는 것뿐이다. 이런 절박함에서 당시 교부들이 한 일은 구약의 '역사'는 지우고 '하나님'을 살려내는 것이었다. '이스라엘의 하나님'을 '인류의 하나님'으로 격상시켜야 했기 때문이다.

이를 위해 그들은 유일신 하나님이 이스라엘을 통해 자신의 모습을 드러내셨다는 접근법을 택했다. 반면, 신약의 하나님은 인류를 통해 그 모습을 드러낸다고 할 수 있다. 물론 천지창조, 선악의 기원, 노아의 홍수처럼 인류사 전체와 연관이 있는 사실은 철저하게 사실로서 받아들인다. 그러나 그 사실이 이스라엘에만 국한되는 것이면, 그것은 이스라엘을 통해 역사(役事)하시는 하나님의 작업으로 재해석된다. 과거에는 그것이 이스라엘의 역사였을지 몰라도 이제 그것은 우리 모두에게 교훈을 주시는 하나님의 사업 기록이 되는 것이다. 이로써 유대인의 역사는 인류사로 격상된다. 사실은 유대인의 역사를 지웠다고 하는 게 옳을 것이다. 필요하다면 구체적 사실을 비유로 해석하기조차 했다. 이런 식으로 구약에 접근한 중세의 교회를 대변하는 것이 다음의 말이다. "글자는 사실을 가르쳐주고, 비유는 네가 믿어야 할 것을 가르쳐주며, 도덕적 의미는 네가 해야 할 것을 가르쳐주고, 영적 해석은 네가 향해야 할 것을 가르쳐준다."(다키아 아우구스티누스)

이런 작업을 최초로 시도한 이는 사도 바울이다. 그가 전도여행을 하면서 수많은 이방인들에게 선교를 해야 했다는 점을 감안하면 이해할 수 있는 일이다. 그는 공부를 참 많이 한 사람이기도 했다. 그는 갈라디아 신자들에게 보낸 편지에서 아브라함의 두 아들, 이스마엘과 이삭을 비유로 해석한다. 이스마엘은 여종 하갈에게서 얻은 자식인데, 그는 육체의 욕정에 따라 난 자다. 반면, 이삭은 아내 사라에게서 난 자식인데, 그는 성령을 따라 난 자유인을 상징한다. 그는 아브라함보다 1,000년가량 뒤의 예언서인 이사야서를 인용하여 이를 정당화하기조차 한다(갈라디아서 4장 참조). 이스마엘이 이슬람교 교인들의 시조라는 점을 감안하면 참 황당한 해석이 아닐 수 없다. 그러나 이런 사실적 접근은 무의미하다. 중요한 것은 하나님이 구약의 역사를 통해 그의 뜻을 보여줬다는 것이다.

이후 1,400년간 줄기차게 구약은 해석되고 또 해석되었다. 세상을 뒤덮은 홍수 위에 뜬 노아의 방주는 죽음과 부활이 된다. 유월절에 어린 양의 피를 문설주에 바르고 그 고기를 먹은 사람들만 살아남은 사실은 곧바로 예수 그리스도의 피와 살이 구원의 길이라는 식으로 해석될 것이다. 이스라엘 백성들이 광야에서 40년간 먹은 것은 맛난 성찬식 빵이다. 모세에게 나타난 불타는 떨기나무는 죄악에 젖은 사람들을 태우는 율법이 된다. 그 율법은 사람의 죄를 불사를 뿐, 사람을 죽이지는 않는다. 뭐, 늘 타오르는 진리의 빛이라 해도 상관은 없다. 돼지를 먹지 말라는 하나님의 명령은, 돼지가 배부를 때는 주인을 알아보지 못하는 가증스런 짐승이기 때문이다. 당연히 돼지 같은 사람이 되어서는 안 된다는 교훈으로 둔갑할 것이다. 예언자 요나가 물고기 뱃속에서 사흘간 지내다가 니느웨를 구원한 사건은 부활한 예수가 세상을 구원할 것을 예고한다.

이렇게 구약의 역사를 교훈 중심으로 해석하는 것은 요즘 교회에서도 공공연히 벌어지는 일이다. 기독교인들이 구약의 전체는 모르고 단편적인 사건들만 주워들은 것도 다 이런 이유 때문이다. 아무튼 이런 연유로 해서 구약과 이스라엘의

역사는 단절되었다. 남은 것은 하나님의 역사하심뿐이게 되었
다. 구약을 살리기 위해 역사를 죽인 것이다. 물론 유대교인들
은 그들만의 역사로 이해할 것이다. 이것이 기독교와 유대교
의 차이이기도 하다.


## 역사의 복원을 위한 시도

이렇게 구약에서 역사를 지우는 것은 참으로 위험한 짓
이다. 당장은 이스라엘만의 하나님에서 우리 모두의 하나님을
건질 수 있다는 장점이 있을지도 모른다. 그러나 그 해석은 누
가 하는가? 그것 역시 부족하기 짝이 없는 사람이 한다. 더구
나 그 해석을 교회가 독점하는 상황이라면, 자칫 교회권력을
강화하는 데 성경이 이용될 위험이 아주 크다. 실제로 기나긴
시간 동안 중세의 교회는 성경 해석권을 독점한 덕에 강력한
권력을 누릴 수 있었다. 이것은 오늘날에도 경계해야 할 일이
다. 입맛대로 해석하고선 이것이 하나님의 말씀이라 하면 무
조건 '아멘' 하고 고개를 주억거리는 것이 오늘의 실상 아닌가!
그것은 하나님의 말씀이 아니고 인간의 해석이다.

역사에서 해석이 필요하다는 것은 누구나 인정하는 사실
이다. 역사 자체가 해석인 것이니 말이다. 실제로 구약 자체도
해석에 해석이 첨가된 기록물이다. 창세의 기록은 누가 했는
가? 하나님? 아브라함, 이삭, 야곱, 요셉의 역사는 누가 기록

했는가? 그들 자신이 했을 리 만무하다. 그렇다면 그것은 후대가 전해 내려온 얘기에 자기 해석을 곁들여 했을 것이 뻔하다. 하나님의 율법을 기록한 신명기도 한참 이후의 제사법을 근거로 재구성된 것일 따름이다. 하나님과 이스라엘인들의 계약인 '십계명'의 형식 역시 기원전 2000년경의 히타이트의 종주권 계약과 거의 똑같다. 중세의 봉건제에서 왕과 기사의 계약관계를 떠올리면, 그것이 광야에서 하나님과 인간이 맺은 계약과 닮았다는 사실을 떠올릴 수 있을 것이다. 신약 역시 구약의 수많은 사건들을 재해석하고 있다. 이처럼 역사는 수많은 해석을 포함하고 있고, 그 해석은 그 시대의 필요에 따른 것이다. 당연히 지금도 지금의 상황에 맞게 역사를 재해석하고 있고, 그렇게 해야 한다. 고로 과거의 구약 해석이 지금까지 맞다고 생각하는 것은 잘못이다. 해석권의 독점은 이래서 위험하다.

해석이 필요하다고 해서 지금의 필요에만 따르는 것은 정당한가? 그렇지 않다. 역사의 해석을 위해서는 당시의 상황을 제대로 이해하는 일이 꼭 필요하다. 그 사건이 어떤 맥락에서, 누구의 의사에 따라, 어떻게 진행되었는지, 그 결과는 어떠했는지 따위를 알아야 한다는 것이다. 그래야 지금의 상황이 그 상황과 맥락을 같이 하는지, 이렇게 해석해도 되는 것인지를 따질 수 있고, 그럴 때에만 해석은 현실에 도움을 줄 수 있다.

그런데 구약에서 역사를 배제해 버리면, 아예 해석 자체를 봉쇄할 위험이 있다. 그리하여 16세기에 접어들면서 비유적으로 성경에 접근하는 것에 반대하는 흐름이 형성되기 시작한다. 구체적 사실을 알아야 해석도 제대로 할 것이 아닌가! 그 대표적인 인물이 철학자 스피노자다. 그는 〈신학정치론〉에서 이렇게 말한다.

"나는 순수하고 자유로운 마음으로 성서를 다시 검토하고, 성서가 분명하게 다루지 않는 교리에 대해서는 아무것도 확신하지 않고 받아들이지 않겠다고 진지하게 결심했다. (중략) 성서 해석의 일반적인 규칙은 성서를 역사에서부터 출발해서 분명하게 인정하지 않는 한, 아무것도 교훈으로 받아들이지 않겠다는 것이다. (중략) 끝으로 성서를 이런 식으로 해석하기 위해서는 각 성문서의 저자의 생애와 신앙, 관심사를 설명하고 그가 어떤 자였는지, 어떤 상황 어떤 시기에 어떤 언어로 누구를 위해 썼는지를 알아야 한다. 그리고 각 성문서의 운명을 공부해야 한다. 즉 그 성문서가 처음에 어떻게 받아들여졌으며 그것의 다른 판본들은 어떠한지, 그리고 누구의 의견에 따라 성서에 포함시켰는지를 알아봐야 하는 것이다. 그리고 마지막으로 이 모든 성문서들이 어떻게 해서 하나의 성서로 묶이게 되었는지도 알아야 한다. 성서 해석을 위해서는 이 모든 것을 포함하지 않으면 안 된다."

## 구약, 열린 책

여기까지 구약에 대한 접근법을 정리하노라면 모순에 부 딪히게 된다. 성경을 역사로만 접근하면 그것은 이스라엘의 역사로 축소되어 버린다. 당연히 그것을 왜 우리가 성경으로 받아들여야 하는가, 하는 의문이 생긴다. 그렇다고 역사를 빼 버리면 성경은 맥락 없이 일방적 해석에 의존해야 하는 책이 되어 버릴 위험이 있다. 그렇다면 구약을 어떻게 읽어야 할 것 인가?

모든 책이 그렇듯이, 구약은 열린 책이다. 그것은 이스라 엘의 역사를 담은 책이면서 동시에 그들이 신을 대하는 태도 를 보여주는 책이기도 하다. 합쳐서 말하자면, 구약은 이스라 엘의 역사를 통해서 작용하는 신의 모습을 구약의 기록자들이 각기 어떻게 체험했는지를 보여주는 책이다. 그 신을 우리가 받아들이느냐 마느냐 하는 것은 열려 있다. 그 신을 어떻게 받 아들이느냐 하는 것도 마찬가지로 열려 있다. 이것은 전적으 로 해석의 문제다. 그리고 그 해석은 이 책을 읽은 사람이 처 한 처지나 상황과 어울려서 다양하게 나타날 것이다. 해석에 정답은 없는 법이니까.

그러므로 앞서 인용한 아우구스티누스의 접근법, 즉 '사 실적, 비유적, 도덕적, 영적 해석'은 해석의 단계나 우선권의 문제가 아니다. 이 네 가지 접근법 중 어떤 것도 가능하다. 이 중 어느 하나의 해석이 독점권을 주장하는 순간, 문제는 터진다. 아르헨티나의 대작가 보르헤스의 단편 "피에르 나메르, 돈 키호테의 저자"에 보면, 가상의 작가 나메르가 불멸의 작품을 쓰려는 노력 끝에 세르반테스의 〈돈키호테〉를 그대로 옮겨 쓴다. 과연 이것은 모방인가? 보르헤스가 보여주려 한 것은, 세르반테스의 〈돈키호테〉가 있다면 나메르의 〈돈키호테〉도 있을 수 있다는 사실 아닐까? 마찬가지로, 구약 역시 수천의 해석이 가능한 책이다. 그도 그럴 것이 구약의 서술자들이 입에서 입으로 전승된 것을 글로 옮기면서, 앞서 기술된 구약을 필사로 다시 옮기면서, 또 다른 말로 옮기면서, 그때마다 자기 해석, 자기가 체험한 하나님을 구약에 담았을 테니까 말이다. 다만, 제대로 해석하기 위해서는 구약 자체를 제대로 이해할 필요가 있다. 무턱대고 받아들일 게 아니라, 스피노자처럼 맥락과 흐름을 제대로 파악하여 제대로 해석하려 애써야 한다는 것이다.

결론적으로, 구약을 제대로 이해하기 위해서는 다음의 접근법이 필요하다. 먼저 구약 자체에 충실해야 한다. 구약 전체를 관통하는 원리가 무엇인지, 그 원리는 어떤 배경에서 비롯되었고, 어떻게 전개되었으며, 구약의 역사 전체를 통해 어떤 의미를 지니는지 따위를 이해할 필요가 있다. 다음으로, '구약이라는 책'의 역사를 이해할 필요가 있다. 구약이 이후 어떻게 해석되었고, 무엇이 빠지고 무엇이 덧붙었는지, 그것이 서구인들의 세계관이나 가치관에 미친 영향은 무엇인지, 그들의 역사에서 구약은 어떻게 작용했고 지금까지 미치고 있는 힘은 무엇인지 따위를 이해해야 한다는 것이다. 이 두 가지 작업이 전제가 되었을 때 비로소 구약이 오늘날 어떤 의미를 갖는지, 오늘 이 시대 우리는 구약을 어떻게 받아들일 것인지에 대한 나름의 대답을 할 수 있을 것이다.

## 구약의 흐름

개신교에서 구약은 전체 39권인데, 가톨릭에서는 여기에 외경 7권을 덧붙여 전체 46권이 된다. 일단 큰 흐름을 파악할 수 있는 것들로 재구성해 보자.

천지창조, 아브라함 부족장 시절, 이집트행, 이집트 탈출, 그리고 광야생활까지를 다룬 책은 '모세5경'이라고 일컬어지는 '창세기', '출애굽기', '레위기', '민수기', '신명기'다.

가나안 땅으로 들어가서 이스라엘 왕조 시대까지를 다룬 책은, '여호수아', '사사(판관)기', '사무엘 상·하', '열왕기 상·하', '역대기 상·하'이다. 이를 전(前) 예언서라고도 한다.

남북조로 나뉘고부터는 예언자들의 활동이 본격화된다.(후예언서) 구약에는 16인 예언자의 예언서가 소개되어 있다. 이들을 연대순으로 나열하면, 오바댜, 요엘, 요나(이상 기원전 9세기), 아모스, 호세아, 이사야, 미가, 나훔(이상 기원전 8세기), 스바냐, 하박국, 예레미야(이상 기원전 7세기), 다니엘,

에스겔, 학개, 스가랴(이상 기원전 6세기), 말라기(기원전 4세기)다. 이 중 이사야, 예레미야, 다니엘, 에스겔을 대예언자라하고, 나머지를 소예언자라고 한다. 이 구분은 그들의 업적 때문이라기보다는 예언의 기간이 훨씬 길고, 그만큼 분량도 많기 때문인 것으로 보인다. 예언자 중 아모스와 호세아는 북쪽 나라 이스라엘에서 예언활동을 한 단 두 사람이고, 나머지는 모두 남쪽의 유대에서 활동을 했다는 점이 다르다.

나머지 중요한 것으로는 지혜서와 시집이 있다. 이 가운데 눈여겨볼 만한 것은 '욥기'와 '전도서'다. '욥기'는 '인간과 고통'의 관계를, '전도서'는 '인간과 죽음'에 관한 지혜를 담고 있다. '시편'은 사람이 겪는 수많은 경험을 노래한 것인데, 흔히 다윗의 시편이라 하지만 실제로는 여러 시대, 여러 사람의 시가 실려 있다.

구약의 흐름을 구약만으로 파악하려는 시도는 좀 무모하다. 특히 각 예언서들의 맥락을 제대로 이해하려면 아무래도 구약 말고도 역사나 개인사에 관한 공부를 하는 것이 훨씬 좋다. 특히 예언자들마다 자기 처지에 따라 주로 비판하는 대상이나 예언의 포인트가 다르고, 그들이 보는 야훼의 상도 다르다는 점을 주목할 필요가 있다. 가령 동시대의 예언자이지만 천한 직공 출신인 미가와 귀족 출신인 이사야의 예언은 확연히 다르다.

이 흐름 파악을 통해서 우리는 광야 이전의 하나님과 광야에서 인간과 계약을 맺은 이후의 하나님, 남쪽 유대의 하나님과 북쪽 이스라엘의 하나님, 나아가 구약 전체의 하나님과 신약의 하나님의 성격이 달라져왔다는 사실을 확인할 수 있을 것이다. 그리고 왜 그런 성격 변화가 일어났는지도 이해할 수 있을 것이다.

## 구약의 포인트: 광야에서 — 하나님과의 계약

구약의 전체 내용을 관통하는 원리를 찾으라면 이집트 탈출 이후 광야에서 맺은 하나님과의 계약이다. 이스라엘인들이 스스로를 선민이라 일컫는 것도 모두 이 계약 덕분이다. 이때 선민이란 이스라엘인들이 스스로 택한 것이 아니다. 그것은 전적으로 하나님이 이스라엘을 선택한 결과다. 그리고 이 계약은 대등한 계약이 아니다. 전적으로 이스라엘이 하나님께 복종하겠다는 종주권 계약이다. 따라서 하나님은 언제든지 이 계약을 파기할 수 있다.

광야에서의 계약 이전 시대는 '언약' 시대이다. 아브라함과 이삭과 야곱의 하나님은 일방적으로 약속하는 하나님이다. '창세기'에 수없이 반복되는 말, "너희 후손을 하늘의 별처럼, 바닷가의 모래처럼 번성하게 하겠다"는 약속이 그것이다. 그것은 전적으로 하나님의 선의에서 나온 약속이다. 그리고 그 언약은 히브리인 전체가 아니라 믿음의 조상을 향한 약속일 따름이다.

유대인들에게 출애굽은 일대 사건이면서, 하나님이 그들과 함께 하신다는 확신을 가지게 된 결정적 계기다. 이집트의 모든 장남들을 죽이면서도 유대인의 집만을 건너뛴(유월) 사건, 홍해를 가르는 기적, 광야생활중 물과 음식을 지속적으로 제공한 은혜는 하나님이 이스라엘과 함께 한다는 증거였다. 그러나 그것만으로는 부족하다. 이집트를 탈출할 당시 그들 무리 속에는 수많은 이민족이 끼어 있었다.(출애굽기 12:38) 게다가 광야생활을 하는 동안 이집트에 들어가지 않았던 히브리인들도 합류했을 것이다. 그들은 야훼를 믿는 사람들이 아니었다. 그것은 모세가 십계명을 받으러 시내산에 올라갔을 때 남은 사람들이 금송아지(바알, 팔레스타인의 농업신)를 만들어 섬겼다는 사실에서도 짐작할 수 있다. 이런 잡다한 모임이 이스라엘이라는 하나의 이름으로 결집할 수 있게 된 계기가 바로 이 계약인 것이다. 이 계약을 맺음으로써 이스라엘은 다른 모든 민족과 구별되는 유일한 민족이 되었다.

이 계약은 하나님의 은혜를 토대로 맺어진 일방적 복종의 약속이다. 그것은 가나안이라는 축복의 땅을 받는 대신 그만큼 엄격한 의무를 감당해야 하는 것이기도 하다. 이것은 계약의 첫 번째 명령이 "나 외에 다른 신을 내게 두지 말라"는 것이었다는 점에서 짐작할 수 있다. 이를 어길 때는 질투의 하나님, 분노의 하나님이 가만두지 않을 것이라는 단서가 붙는다.

이후 끊임없이 되풀이되는 수난과 회복의 역사는 이스라엘이 얼마나 이 계약에 충실했는가 여부로 이해할 수 있다. 그런 점에서 이 계약은 구약을 이해하기 위한 실마리 구실을 한다.

한편 이 계약의 내용을 꼼꼼히 들여다보면, 기독교가 말하는 구원의 의미가 구약과는 전혀 다르다는 점을 발견할 수 있다. 광야의 계약에서 핵심은 '복종과 은혜'다. 이 은혜가 곧 구원인 셈인데, 그 구원은 영혼의 구원이 아니다. 그리고 지상을 초월한 천상 같은 것을 약속한 것도 아니다. 구원은 지상의 낙원, 즉 '젖과 꿀이 흐르는 땅'에서 이스라엘의 살아 있는 사람들이 행복을 누릴 것이라는 내용이다. 철저하게 현실적이고 지상적인 구원이다. 이 약속의 실현 가능성은 이미 '출애굽'으로 입증된 것이다. 이처럼 야훼는 이스라엘 백성에게 밝은 미래를 약속하는 존재이지, 죽어서 영혼의 구원이나 내세를 약속하는 존재가 아니다.

구약 전체를 통틀어 보더라도 내세에 대한 언급은 없다. 이스라엘 백성들이 강대국의 침탈로 위기에 처했을 때 활약한 예언자들의 말도 다가올 미래에 대한 약속이 있을 뿐, 영혼의 구원 같은 말은 없다. 물론 묵시록들에 뼈들의 부활 같은 언급은 있다. 그러나 그것이 영혼의 부활이나 내세의 보장을 의미하는 것은 아니다. 묵시록의 주목적은, 의인들이 핍박받는 것을 설명하고 밝은 미래를 보여주는 데 있었다. 묵시록은 지상에서 악이 선을 억압하는 까닭을 이렇게 설명한다. 지상에서의 전쟁은 천상에서의 선과 악의 전쟁이 지상에 반영된 것으로서 악이 일시적으로 선을 억누를지라도 그것이 결코 오래 가지 않는다는 것이다. 천상의 전쟁을 보여주려다 보니 별 수 없이 환상을 동원한 것이지, 그 환상이 현실에서 그대로 실현된다는 의미는 아니다. 묵시록이 보장하는 미래는 어디까지나 지상에서 실현되는 '새 예루살렘'일 따름이다.

그렇다면 종말, 지옥과 천국, 죽음에서의 부활 같은 이미지는 어디에서 온 것일까? 그것은 바사의 종교인 조로아스터교에서 온 것이다. 조로아스터는 '시대의 종말'과 더불어 이 땅에 하나님의 왕국이 건설될 것, 그 왕국에서 죽음에서 '부활'한 자들이 다시 살게 될 것, 현실 세계에서 정의와 진리와 정결함을 선택한 사람은 누구나 하나님의 왕국에서 살게 되지만 악의 편에 섰던 사람은 '지옥'의 모진 형벌을 받게 될 것이라고 말했다. 이런 시대가 오기까지의 지상은 고달픈 곳이다. 이 고달픔 속에서도 절대자의 뜻을 받든 사람은 지상의 종말에 있을 '최후의 심판'에서 천국행을 보장받을 것이다. 이런 조로아스터의 논리가 오늘날 기독교인들이 당연한 듯 받아들이는 내용과 전혀 다를 바 없다는 것은, 조로아스터교가 기독교에 미친 큰 영향력을 보여준다. 그러나 구약의 계약은 이런 조로아스터교의 논리와는 아무런 관계가 없는 것이다. 이런 점에서 구약의 세계관은 결코 초월적인 것이 아니다.

구약의 지상적 세계관은 계약의 내용인 '십계명'에서도

잘 드러난다. 1계명은 "내 앞에 다른 신을 내게 두지 말라"는 것이다. 여기서 4계명까지는 신에 대한 복종을 요구한다. 그리고 5계명부터 10계명까지는 인간 사이의 올바른 관계에 대해 규정하고 있다. 결국 십계명 전체는 하나님 사랑과 이웃 사랑으로 요약된다. 그래서 호세아도 예수도 똑같이 "하나님을 사랑하고 이웃을 사랑하라"는 것이 율법의 전부라고 설파한 것이다. 이를 요약하면 하나님 사랑의 구체적 방법이 이웃 사랑이라는 것이다. 그리고 이는 광야에서 힘겹게 살던 소수 민족 이스라엘에 가장 절실한 것이 이웃과의 연대의식이었음을 반영한다.

정리하자면, 구약의 핵심인 광야의 계약은 이스라엘의 선택받은 역사의 출발점임과 동시에 이후 역사의 전개원리를 보여준다. 또한 그 계약은 철저하게 현실 역사에 입각한 것이지 기독교에서 말하는 내세의 구원과는 전혀 상관이 없다. 이런 점에서도 구약의 발상을 제대로 이해하기 위한 핵심원리가 이 계약임을 알 수 있다. 따라서 구약을 통해 위로와 교훈을 얻고자 하는 사람은, 구체적인 삶의 현장에서 이웃 사랑을 실현하는 것이 현실에서 하나님과 더불어 사는 삶임을 깨달아야 할 것이다. 나는 예수가 말한 '천국', 즉 '하나님 나라'는 바로 이런 삶이 실현된 상태라고 확신한다.

## 신약은 구약의 연장인가?

구약은 말 그대로 구약(舊約)일 따름이다. 그것은 유대인의 역사를 이해하는 데는 도움이 되지만, 유일신 하나님과 인류의 관계를 이해하는 데는 역부족이다. 여기서 신약의 의미가 나온다. 아니, 구약은 이미 그 이름에서부터 신약을 전제로 하고 있다. 신약은 과거의 약속이 새로운 약속으로 바뀌었다는 것을 뜻한다. 즉 하나님과의 계약이 이스라엘에 국한되지 않고 전 인류로 확장되었다는 것이다. 이 계약 확대의 조짐은 구약 말미에 나온다. 요나에게 앗수르의 수도 니느웨의 몰락을 경고하게 한 것이라든가, 아모스가 야훼를 이스라엘의 신만이 아니라고 선포한 것이 그것이다. 신약을 구약의 연장으로 이해하는 사람들에게 예수는 계약 확대의 결정판이라 할 수 있다.

그러나 반드시 신약이 구약의 연장이라고만 볼 수는 없다. 그보다는 신약이 구약과의 단절이라고 볼 수도 있다. 그 근거는 무엇보다 예수의 언행에서 비롯된다. 예수는 스스로 말하기를 "내가 율법을 폐하러 온 것이 아니고, 그것을 완성하러 왔다"고 했다. 그러면서 스스로를 하나님의 아들이라고 하고, 심지어는 성전을 사흘 안에 허물고 다시 짓겠다고도 했다. 이것은 서로 모순되는 말이다. 율법의 완성은 메시아의 도래를 학수고대하던 이스라엘인들의 심정을 대변한다. 따라서 이 점에 주목하면 예수는 구약의 연장선상에 서게 된다. 반면, 하나님의 아들이라는 말이나 성전을 허물고 다시 짓겠다는 말은 구약의 하나님을 정면으로 거스르는 말이다. 구약의 하나님은 인간을 결코 자기 아들로 여기지 않는다. 또 성전은 하나님의 명령에 따라 지은 성스러운 곳이다. 이런 절대적인 신을 아버지 삼고 그의 거처를 허물겠다고 한 것은 예수의 하나님과 구약의 하나님이 엄연히 다르다는 것을 보여준다.

참고로 예수의 구약 파괴적인 발언은 구약의 예언자 중 북이스라엘에서 활약했던 이들, 이를테면 아모스나 호세아의 예언과 거의 흡사하다. 성전이 있던 남쪽 유대 왕국은 척박한 땅이었고, 이 환경이 그들로 하여금 상대적으로 엄격한 율법을 고수하게 했다. 반면, 이스라엘은 비옥한 땅이었고 다른 민족과의 교류도 활발했다. 그러다보니 이웃 나라 여자들과 혼인도 잦았고, 자연스럽게 다른 신도 흘러들어왔다. 심지어는 왕들조차 바알신에게 절하는 일이 자주 있었다. 북쪽의 예언자들도 이스라엘 백성들이 바알신 섬기는 것을 질타하는 일이 드물었다. 오히려 풍요의 상징인 금송아지를 통해서 하나님과 만나려는 게 아닌가 하는 생각이 들 정도로 관대했다. 마치 불교 신자가 부처상에 절하면서 그의 신을 만나듯이 말이다. 금송아지 숭배를 우상 숭배로 여기지 않고 오히려 그것을 통해 하나님을 만나고자 했다는 것은, 북쪽 사람들이 야훼를 인류 보편의 신으로 여겼던 게 아닐까 하는 생각이 들게 한다. 예수의 고향이 바로 북쪽 갈릴리 호숫가인 나사렛이라는 점을 감안하면, 예수 역시 이런 풍토에 영향을 받아 인류의 하나님을 설파한 것이라 짐작할 수도 있다.

예수 당시 많은 유대인들은 예수를 예언자 정도가 아니라 메시아로까지 생각했다. 이 메시아 사상 역시 수많은 예언자들이 예언했던 것이다. 로마의 학정에 시달리던 사람들이 이 메시아를 학수고대하고 있었다. 그런 상황에서 구약이 예언했던 메시아의 모습을 예수가 보여줬고, 심지어 예언자로 추앙하던 세례 요한조차 그런 암시를 주었다. 그러나 예수 자신은 한 번도 스스로를 일컬어 메시아라고 한 적이 없다. 그것은 구약의 메시아 상과 예수의 생각이 달랐기 때문이다. 구약의 메시아는 이스라엘을 구원할 자일 뿐이다. 그것은 정치적 의미에서의 메시아다. 당연히 유대인들은 예수가 로마에서 자기들을 구원할 자라고 여겼을 것이다. 그러나 예수는 그런 정치적 메시아이기를 거부했다. 그가 해석한 하나님은 더 이상 구약의 하나님이 아니었기 때문이다. 이런 점에서 그가 완성하려한 율법은 낡은 율법을 깨뜨린 위에 새로이 세우는 율법이라고 할 수 있다. 그의 율법은 다름 아닌 하나님 나라의 선포, 이웃을 내 몸처럼 사랑하는 세상의 건설에 있었다고 하겠다. 그렇다면 신약은 구약의 완성이라기보다는 전혀 새로운 하나님을 제시한 '새로운 약속'이라고 새길 수도 있겠다.

## 생각할 거리들

### ● 천지와 인간의 창조

세계 대다수 민족들은 나름대로 세상의 기원에 관한 신화를 가지고 있다. 그 신화는 크게 둘로 나뉜다. 하나는 '천지창조'이고, 다른 하나는 '천지분리'다. 창조는 무에서 유가 나온 것인데 반해, 분리는 뒤섞인 것에서 하늘과 땅을 나누는 것이다. 약 90% 정도가 천지분리 신화인데, 대표적으로는 그리스 신화가 있다. '창세기'는 천지창조 신화의 대표적 사례라 하겠다. 그런데 '창세기' 1장을 유심히 보면, 인류가 세상의 기원을 어떻게 바라보는지를 알 수 있게 해주는 힌트가 나온다. '창세기' 1장을 발췌하면 이렇다.

"태초에 하나님이 천지를 창조하시니라. 땅이 혼돈하고 공허하며 흑암이 깊음 위에 있고, 하나님의 신은 수면에 운행하시니라. 하나님이 가라사대 빛이 있으라 하시매 빛이 있었고, 그 빛이 하나님이 보시기에 좋았더라. (중략) 하늘이라 칭하시니라. (중략) 뭍을 땅이라 칭하시고 모인 물을 바다라 칭하시니라. (중략) 하나님이 가라사대 우리의 형상을 따라 우리의 모양대로 우리가 사람을 만들고 그로 바다의 고기와 공중의 새와 육축과 온 땅과 땅에 기는 모든 것을 다스리게 하자 하시고 하나님이 자기 형상 곧 하나님의 형상대로 사람을 창조하시되 남자와 여자를 창조하시고 하나님이 그들에게 복을 주시며 그들에게 이르시되 생육하고 번성하여 땅에 충만하라, <u>땅을 정복하라</u>, 바다의 고기와 공중의 새와 땅에 움직이는 모든 생물을 다스리라 하시니라."

'태초'라 함은 말 그대로 우주만물의 시작을 의미한다. 그런데 태초 이전 상태는 어떠했을까? 말 그대로의 '무'였을까? 그런 것 같지는 않다. '땅이 혼돈하고 공허하며…'라는 2절을 보면, 태초 이전 상태에서도 무언가가 있었음을 알 수 있다. 다만 그 상태는 '혼돈(混沌, chaos)', 즉 뒤섞여서(混) 어두운(沌) 상태였다. 이 상태에서 하나님은 천지창조를 시작한다. 그의 창조작업은 '가라사대', '칭하시니라'로 볼 때, 말로써 하는 일이었다. 달리 말하자면, '빛', '하늘', '낮', '밤'처럼 이름을 붙이는 작업이라 할 수 있겠다. 여기까지를 합치면 이런 해석이 가능하다. 혼돈의 상태란 이름이 없는 상태, 즉 무질서인데 여기에 이름을 붙임으로써 질서(cosmos)가 시작되었다. 이것이 천지창조의 비밀이다.

따지고 보면 어느 나라의 신화든지, 그것이 천지창조든 천지분리든 상관없이, <u>이름 붙이는 작업</u>이라는 공통점을 갖는다. 노자의 〈도덕경〉 1장에서도 비슷한 말이 나온다. '無名天地之始, 有名萬物之母', 곧 '이름 없는 상태가 천지의 시작이요, 이름 있는 상태가 만물의 어미'라는 것이다. 이는 정확하게 '창세기'의 기록과 통한다. 김춘수의 시 '꽃'에서도 비슷한 대목을 볼 수 있다. "내가 그의 이름을 불러 주기 전에는/ 그는 다만/ 하나의 몸짓에 지나지 않았다.// 내가 그의 이름을 불러 주었을 때,/ 그는 나에게로 와서/ 꽃이 되었다." 이름 부르기 전 상태는 '하나의 몸짓', 즉 혼돈이던 것이 이름을 부르자 '꽃', 즉 내게 의미 있는 존재가 된다는 말이다.

여기까지 보면, 천지창조는 인간이 이름 없어 온갖 것이 뒤섞인 무질서 상태를 어떻게 벗어났는지, 세계가 어떻게 인간에게 의미 있는 존재로 다가오게 되었는지를 보여준다. 그것은 이름을 지어 분류함으로써 세계에 인간적 질서를 부여한 사실을 나타낸다. 물론 그 이름을 지은 이는 절대자 하나님이다. 이렇게 절대자를 동원함으로써 인간이 세계에 부여한 질서가 정당화되는 것이다.

그런데 인간창조의 대목을 보면 1장과 2장이 사뭇 다르다. 1장만 보면 사람도 말씀으로 창조한 것처럼 보인다. 물론, 하나님이 '우리의 형상대로'(여기서 삼위일체설이 나온다) 창조했다는 점에서는 예외적이지만, 우리가 흔히 알고 있던 '흙으로 사람을 빚었다'는 내용은 아직 나오지 않는다. 그것은 2장에 나온다. 문제는 2장이 1장과 심각하게 충돌한다는 것이다. 잠시 2장의 관련 부분을 보자.

"천지와 만물이 다 이루니라. 하나님의 지으시던 일이 일곱째 날이 이를 때에 마치니 그 지으시던 일이 다하므로 일곱째 날에 안식하시니라. 하나님이 일곱째 날을 복 주사 거룩하게 하셨으니 이는 하나님이 그 창조하시며 만드시던 모든 일을 마치시고 이 날에 안식하셨음이더라. 여호와 하나님이 천지를 창조하신 때에 천지의 창조된 대략이 이러하니라. 여호와 하나님이 땅에 비를 내리지 아니하셨고 경작할 사람도 없었으므로 들에는 초목이 아직 없었고 밭에는 채소가 나지 아니하였으며 안개만 땅에서 올라와 온 지면을 적셨더라. 여호와 하나님이 흙으로 사람을 지으시고 생기를 그 코에 불어넣으시니 사람이 생령이 된지라.”(1~7)

이미 천지창조는 ‘다 이루’었다. 그리고 하나님은 일곱째 날에 안식했다. 그런데 1장에서 그렇게 ‘보시기에 좋았’던 세상은 2장에서는 참 황량하다. 창조한 세상은 비가 내리지 않고 경작할 사람도 없었으므로 초목이 없고, 안개뿐이었다. 그래서 땅을 경작하라고 만든 것이 사람이다. 그 사람은 흙으로 빚어 생기를 불어넣어 만들었다. 그렇다면 엿새 되는 때 창조한 남자와 여자는 누구고, 흙으로 빚어 만든 이 남자는 누구인가? 게다가 아직 여자는 만들어지지도 않았다.

이 대목은 확실히 논란거리다. 흔히들 1장과 2장을 합쳐서 “하나님이 자기 형상대로 흙을 빚어 사람을 만들었다”고 하지만, 그 해석은 좀 억지스럽다. 그래서 이것을, 기원이 다른 두 이야기를 나란히 늘어놓은 것으로 해석하는 경우가 많은 것 같다. 좀 심한 해석들도 보이긴 한다. 그것은 성경의 일

점일획도 틀림이 없다는 믿음에 입각하여, 1장의 사람과 2장의 아담을 다른 사람으로 보는 것이다. 처음 사람은 '말씀'으로 창조된 데 반해, 다음 사람은 '흙', 즉 땅에서 만들어진 존재라는 것이다. 그러므로 땅의 사람이 이후 '말씀' 사람으로 나아가는 것이 곧 구원이라는 식이다.

원래 신화라는 것이 논리적으로 잘 설명이 되지 않는다. 그러니 이것에 지나치게 매달릴 까닭은 없다. 우리가 관심을 가져야 할 대목은 '인간의 지위'다. 다른 만물과 달리 사람은 하나님이 '자기 형상대로' 지었다. 흙으로 만들었다는 것도 굳이 부정적으로 볼 까닭이 없다. 자기 형상대로 지으려면 꽤 많은 공을 쏟았을 테니까. 게다가 생기마저 몸소 불어넣어주시지 않았는가. '창세기' 1장 28절의 '땅을 정복하라'는 말씀은 얼마나 고마운지 모른다. 온갖 것을 다 창조한 마지막에 사람을 자기를 닮게 만들어 땅을 지배하라고 하셨으니, 인간이야말로 온 우주만물의 주인공이다. 이것이 그토록 오랫동안 서구를 지배해온 '인간중심주의'의 기원이다.

그러나 인간중심주의가 인간의 뿌리마저 자연에서 분리시키는 것은 아니라는 점을 알아야 한다. 1장과 달리 2장은 인간의 근원에 대해 분명히 말하고 있다. 인간은 흙, 곧 땅을 기원으로 한 존재라는 것이다. 하나님이 빚었다고 하더라도 우리의 몸은 엄연히 대지에서 비롯된 것이다. 그리고 대지는 혼돈, 곧 '무한한 관계망'이다. 이를 근거로 창세기를 재해석할 수 있다.

　　대지는 무한대로 이어져 있다. 그렇게 무한대로 이어져서 '하나'다. 이처럼 세계는 '전일적(全一的)', 즉 모두가 이어져서 하나인' 세계다. 이렇게 무한대의 것이 하나를 형성하는 이치를 '하나님'이라 한다면, 하나님은 '하나이자 모두, 모두이자 하나'인 대지 자체라고 하더라도 별 무리는 없어 보인다. 이는 하나님이 사람을 만들 때 스스로를 '우리'라고 표현한 것까지 설명해 준다. 이 '우리'를 근거로 '삼위일체'를 주장하는데, 좋다. 노자도 우주의 생성을 설명하면서 '道生一 一生二 二生三 三生萬物'이라 했다. 〈천부경〉에서도 '석삼극(析三極)', 즉 셋이 쪼개어져 무한을 낳는다고 말한다. 이처럼 삼위일체에서 만물이 나온다는 것은 동양적 발상의 기본이다. 무한대의 연결인 '하나님'이 끊임없이 생성한다는 것이다. 대지의 창조력은 한시도 쉬지 않는다. 사람 역시 이 지속적인 생성의 결과물이다. '생기'를 불어넣었다는 대목도 '우주만물'의 기운을 받은 것으로 볼 수 있다. 이렇게 해석하자면, 모든 것이 이어져 하나인 대지의 무한한 생성을 일컬어 하나님의 천지창조라고 볼 수도 있다.

　　인간을 흙으로 빚었다는 것도, 무한한 대지의 응집물이 곧 인간이라는 식으로 해석할 수도 있겠다. 하긴 인간만 그런가? 우주만물을 구성하는 모든 것이 그러하다. 그러나 인간이 '생기'를 부여받은 존재, 즉 생각할 수 있는 능력을 가진 존재라는 사실만큼은 참 고마운 일이다. 그러므로 우리는 과감하게 스스로를 일컬어 '하나님의 아들(딸)' 또는 '천상천하유아독존(天上天下唯我獨尊)' 또는 '독생자(獨生子)'라고 할 수 있다. 우주만물 전체가 그러하지만, 인간만이 그것을 인식할 수 있는 존재이기 때문이다. 예수나 부처는 최초로 그것을 선포한 이들이다. 이제 우리는 왜 예수가 "항상 기뻐하라, 쉬지 말고 기도하라, 범사에 감사하라"고 말씀하셨는지 이해할 수 있다. 우주만물이신 하나님의 아들(딸)로 태어난 일이 얼마나 기쁘고 감사한 일인가. '쉬지 말고 기도하라'는? 내 속에 깃든 하나님과 끊임없이 대화하라는 말이다. 하나님의 아들(딸)로 태어난 자로서 스스로를 모독하지 않는 삶, 부끄럽지 않은 삶을 살려면 늘 내 속의 하나님을 만나고 우주만물이신 하나님과 더불어 노닐 일이다.

### ●욕망, 선악 또는 문명의 기원

기독교 사상 중 가장 특징적인 것을 고르라면, 아마 에덴동산에서 아담과 이브가 선악과를 따먹은 사건일 게다. 기독교는 이 사건 때문에 사람이 '원죄'라는 걸 갖게 되었다고 한다. 다시 창세기에서 그 내막을 간단하게 들어 보자.

여호와 하나님이 동방의 에덴에 동산을 창설하시고, 그 지으신 사람을 거기 두시고, 여호와 하나님이 그 땅에서 보기에 아름답고 먹기에 좋은 나무가 나게 하시니 동산 가운데에는 생명나무와 선악을 알게 하는 나무도 있더라. (중략) 여호와 하나님이 그 사람에게 명하여 가라사대 동산 각종 나무의 실과는 네가 임의로 먹되, 선악을 알게 하는 나무의 실과는 먹지 말라. 네가 먹는 날에는 정녕 죽으리라 하시니라. (중략) 여호와 하나님의 지으신 들짐승 중에 뱀이 가장 간교하더라. 뱀이 여자에게 물어 가로되 하나님이 참으로 너희더러 동산 모든 나무의 실과를 먹지 말라 하시더냐. 여자가 뱀에게 말하되 동산 나무의 실과를 우리가 먹을 수 있으나 동산 중앙에 있는 나무의 실과는 하나님의 말씀에 너희는 먹지도 말고 만지지도 말라, 너희가 죽을까 하노라 하셨느니라. 뱀이 여자에게 이르되 너희가 결코 죽지 아니하리라. 너희가 그것을 먹는 날에는 너희 눈이 밝아 하나님과 같이 되어 선악을 알 줄을 하나님이 아심이니라. 여자가 그 나무를 본즉 먹음직도 하고 보암직도 하고 지혜롭게 할 만큼 탐스럽기도 한 나무인지라, 여자가 그 실과를 따먹고 자기와 함께한 남편에게도 주매 그도 먹은지라. 이에 그들의 눈이 밝아 자기들의 몸이 벗은 줄을 알고 무화과나무 잎을 엮어 치마를 하였더라. (중략) 여호와 하나님이 뱀에게 이르시되 네가 이렇게 하였으니 네가 모든 육축과 들의 모든 짐승보다 더욱 저주를 받아 배로 다니고 종신토록 흙을 먹을지니라. (중략) 또 여자에게 이르시되 내가 네게 잉태하는 고통을 크게 더하리니 네가 수고하고 자식을 낳을 것이며 너는 남편을 사모하고 남편은 너를 다스릴 것이니라 하시고, 아담에게 이르시되 네가 네 아내의 말을 듣고 내가 너더러 먹지 말라 한 나무 실과를 먹었은즉 땅은 너로 인하여 저주를

받고 너는 종신토록 수고하여야 그 소산을 먹으리라. (중략) 너는 흙이
니 흙으로 돌아갈 것이니라 하시니라.(창세기 2:8 - 3:19)


　　이 원죄설은 사실 말이 되지 않는다. 전지전능하신 하나
님이 선악과를 따먹을 줄 몰라서 그런 명령을 내렸을까. 뻔히
따먹을 줄 알면서 괜히 선악과란 걸 만들어놓고 유인한 꼴 아
닌가. 의문은 또 있다. 도대체 그 '악'이란 건 어디서 나온 걸까?
그것 역시 모든 것을 창조한 하나님의 작품이라 해야 하는 것
아닐까? 이래저래 원죄설은 의문투성이다. 오죽 답답했으면 3
세기의 기독교 저술가인 락탄티우스가 이렇게 말했을까.

　　"신은 세상에서 악을 제거하려고 하는데 제거할 수 없거나, 제거
할 수는 있지만 제거하려고 하지 않거나, 제거할 수도 없고 제거하려
고도 하지 않거나, 아니면 제거하려고도 하고 제거할 수도 있거나 이
네 가지 중의 하나다. 그가 그러기를 원하면서 그럴 수 없다면, 이는
무능력이며 신의 본질과 모순되는 것이다. 그가 그럴 수는 있는데 그
러기를 원치 않는다면 이 역시 마찬가지로 그의 본성과 모순되는 악
의 성질이다. 그가 그러기를 원치도 않고 그럴 수도 없다면 이는 악의
성질인 동시에 무능력이다. 그러나 그가 그러기를 원하면서 그럴 수도
있다면(이는 네 가지 경우 가운데 신성의 본질과 부합되는 유일한 경
우다.), 악은 어떻게 해서 세상에 나타나는 것인가?"

— 안네마리 피퍼 〈선과 악〉,

　　지겹고 오랜 논란 끝에 기독교에서 해결책으로 찾은 것은 두 가지다. 하나는 가톨릭의 해법인데, 이른바 ‘자유의지’론이다. 하나님이 사람을 창조하실 때 자기 의지에 따라 스스로 선택할 수 있는 ‘자유의지’란 걸 줬다는 것이다. 그것은 창세기 인용문에서도 확인할 수 있다. 이브는 스스로의 선택으로 선악과를 따먹었다. 이것은 꽤 설득력이 있다. 그러나 최초의 인간의 ‘죄’(인지도 잘 모르겠지만)가 왜 후손에게까지 지속되는 건지는 여전히 의문이다. 모두에게 자유의지를 줬다면, 후손들 역시 자기의지에 따른 선택으로 판단해야 공평하지 않은가 말이다. 처음부터 원죄라고 해버리면, 그 자유의지가 무슨 의미가 있는지 궁금하다. 다른 하나는 칼뱅의 이른바 ‘예정설’이다. 신이 모든 것을 예정해 놓았다는 것인데, 이건 심해도 한참 심한 논리다. 물론 전지전능한 하나님에 초점을 맞추면 이게 더 논리적이긴 하지만, 그렇다면 도대체 사람이 할 수 있는 일은 아무것도 없다.

　　이 문제는 이 정도로만 하자. 어디까지나 이 얘긴 신화일 뿐이니까. 정말로 내 관심을 끄는 것은 이 이야기에 담긴 의미들이다. 이 이야기에는 ‘선악의 기원’, ‘문명의 기원’ 따위의 의문을 풀 수 있는 실마리가 들어 있어서 꽤 흥미롭다. 이 모든 것은 ‘선악과를 따먹음’에서 비롯되었다. 그리고 그 계기는 인간의 욕망이다. 따라서 이 대목은 인간의 욕망을 설명해주면서, 그것이 선악 또는 문명의 기원과 밀접한 연관이 있다는 점을 알 수 있게 해준다.

　먼저, 널리 알려진 기독교적 해석부터 보자. 그에 따르면, '원죄'는 전적으로 인간의 자연적 욕망에서 비롯된다. 이브는 선악과를 왜 따먹었을까? 그녀의 눈에 선악과는 '먹음직도 하고 보암직도 하고 … 탐스럽기도' 하다. 성경의 딱딱한 번역을 감안할 때 이 대목만큼 멋진 번역은 드물 것이다. 이브에게 선악과가 얼마나 매력적으로 다가왔는지를 이렇게 생생하게 표현할 수 있을까? 오죽 했으면 원래 하나님은 '먹지 말라'고만 했는데 그녀는 '만지지도 말라'고 부풀리겠는가. 이 강렬한 욕망은 '선악' 이전의 상태, 즉 인간의 원초적 상태를 보여준다. 그것에는 '선악'이 없다. 오직 '좋음(好)'과 '좋지 않음(不好)' 뿐이다. 이브에게 선악과는 먹고 싶은 것(好)이다. 그런데 먹지 말란다. 그게 불만(不好)이다. 이 자연스러운 '몸의 욕망'에 따른 결과가 바로 원죄다.

　그런데 왜 이것이 죄가 될까? 하나님은 한 번도 왜 선악과를 따먹으면 안 되는지 설명한 적이 없다. 그저 따먹으면 '정녕 죽으리라'는 협박뿐이다. 한 마디로 '허용과 금지'다. 허용된 범위 안의 것만 누리라는 것이다. 그렇다면 '죄', 즉 '악'은 선악과를 따먹었다는 것, 금지를 어겼다는 것, 명령에 불복종했다는 데 있다. 그리고 그 악은 인간의 자연적 욕망에서 비롯되었다. 이브를 꼬드긴 것이 다름 아닌 뱀이라는 점도 흥미롭다. 그것은 대지에 밀착한 동물로서 자연의 욕망을 상징한다.

금기를 깨뜨린 이를 기다리는 것은 가혹한 형벌이다. 뱀은 땅을 기면서 흙만 먹는 형벌을, 여자는 고통스럽게 아이를 낳는 형벌을, 그리고 남자는 힘들게 땅을 경작하는 형벌이다. 모두 다 '대지'와 '생산', 곧 '자연'과 연관된다. 그것에 밀착할 수밖에 없으되, 그것이 곧 형벌이 되는 형국이다. 자연의 욕망에서 비롯된 일이니 어찌 보면 당연하다. 이렇게 '땅'과 '하늘', '욕망'과 '질서'가 대립하게 되었다.

정리하면, 선악은 금기를 깨뜨린 데서 비롯되었다. 따라서 선악은 질서, 명령, 규범 따위, 즉 '문명 상태'를 전제로 한다는 것을 알 수 있다. 그것은 인간의 자연 상태를 부정적으로 보고, 몸의 욕망을 악의 근원으로 지목한다. 이것은 이후 서구 사회 전반을 지배하는 '금욕주의', '가부장 질서'의 정당화 근거가 된다.

그러나 이 해석은 어디까지나 '하나의' 해석일 뿐이다. 다른 접근도 가능하다. 이브가 선악과를 따먹은 계기가 '몸의 욕망'에서 비롯되었다고 할 수도 있겠지만, 꼭 그것만일까? 뱀은 이브에게 이렇게 말한다. "너희가 그것을 먹는 날에는 너희 눈이 밝아 하나님과 같이 되어 선악을 알 줄을 하나님이 아심이니라." 이것이 그토록 따먹고 싶어 하던 몸의 욕망을 부추긴 결정타다. 이 또 하나의 욕망은 '눈이 밝아'지고 싶고, '하나님과 같이 되'고 싶고, '선악을 알'고 싶은 욕망, 즉 문화적 욕망이다. 선과 악, 우주만물의 이치를 알고자 하는 것이 인간에게 도사린 또 다른 욕망이라는 것이다. 이 욕망이 몸의 욕망과 어울려 선악과를 따먹는 짓을 결행하게 했다. 선악과를 따먹고 난 이후 그들이 보여준 행동은 무엇인가? 벗은 것이 부끄러워 나뭇잎으로 옷을 만들어 입는 것이었다. 이것은 인간이 스스로를 자연과 구분된 존재로 여기게 되었음을 상징한다. 곧 문명의 시작인 것이다.

신의 형벌은 그가 창조한 자연을 스스로 벗어난 자에 대한 분노로 해석할 수 있다. 창세기가 인간의 기록이라는 점을 감안하면, 인간 스스로가 자연 상태에서 벗어난 인간 현상을 부정적으로 보고 있다고 볼 수도 있다. 그렇다면 왜 인간은 스스로 벗어난 자연 상태를 스스로 이렇게 부정적으로 해석하는 것일까? 그만큼 문명화된 인간이 불안하다는 것을 뜻하는 건 아닐까? 바벨탑 이야기에서 보듯이, 인간은 하늘에 다다르고자 하나 결코 이를 수 없다. 그렇다고 가혹한 자연의 이치나 몸의 욕망이 주는 파괴를 생각할 때, 마냥 자연 상태에 머무를 수도 없다. 이처럼 창세기는 문명의 시작과 그 속에서 끊임없이 갈등하는 인간의 모습을 보여준다 하겠다.

이상의 두 가지 해석을 '인간의 욕망'이라는 맥락에서 합쳐보자. 욕망은 크게 둘로 나눌 수 있다. '몸의 욕망'과 '문화적 욕망'이 그것이다. 기독교적 해석은 몸의 욕망을 부정적으로 보게 하고, 또 하나의 해석은 문화적 욕망을 부정적으로 보게 한다. 이것은 인간이 두 가지의 욕망 사이에서 흔들리는 존

재라는 점을 보여준다. 이 '떨림'이야말로 인간의 근원적 조건
이라고 할 수도 있다.

과연 이 떨림, 또는 흔들림이 꼭 부정적인 것일까? 이것
을 부정할 때, 기독교식의 해석, 즉 절대적 선을 상정하여 나
머지 모든 욕망을 죄악시하는 발상이 나온다. 이른바 금욕주
의다. 금욕주의는 진정 욕망을 근절하는가? 아니다. 그것은 '단
하나의 욕망'이다. 금욕주의에는 '단 하나의 선'이 도사리고
있다. 그것은 시대에 따라 '유일신'이 되기도 하고 '천리'가 되
기도 한다. 그리고 오늘날 그것은 '물신'이다. 금욕주의는 이
단 하나의 선을 위해 단 하나의 욕망만 남기고 나머지 모든 욕
망을 끊으라고 강요한다. 다양한 자연적·문화적 욕망은 부정
적인 것, '악'으로 치부된다. 그렇다면 이제 우리는 인간의 '떨
림'을 인간조건으로, 인간의 무한한 가능성으로 해석하는 것
이 바람직하다. '불안' 속에서 늘 스스로의 도덕을 만드는 것
이 '안정' 속에서 노예의 도덕을 누리는 것보다 낫지 않은가!

마지막으로 이런 질문을 하나 던지고 싶다. 과연 바람직
한 도덕, 규율, 질서는 어떤 것일까? 만약 하나님이 처음부터
선악과란 걸 만들지 않았더라면 어땠을까? 그렇다. 가장 바람
직한 상태는 아예 도덕 자체가 필요 없는 상태일 것이다. 저
마다의 호불호에 따라 살아도 전혀 지장이 없는 상태, 말이다.
그것이 불가능하다면 인간의 기본적인 욕망을 자연스럽게 최
대한 살릴 수 있는, 가급적 그것을 거스르지 않는 도덕, 즉 최

소한의 도덕이 바람직할 것이다. 무엇보다 중요한 것은 도덕이든 규율이든 간에 그것은 자발적 동의, 아니 스스로 참여해 기꺼이 지키기로 합의하는 것이어야 한다. 그럴 때 타율적 도덕, 부정의 도덕이 아니라, 자율적이면서 긍정적인 도덕이 될 수 있다. 이런 점에서 하나님은 최초인에게 '노예의 도덕', '부정의 도덕'을 강요한 것이라고 할 수도 있다.

(가)

　　[6] 하루는 하나님의 아들들이 와서 여호와 앞에 섰고 사단도 그들 가운데 왔는지라. [7] 여호와께서 사단에게 이르시되, 네가 어디서 왔느냐. 사단이 여호와께 대답하여 가로되, 땅에 두루 돌아 여기저기 다녀왔나이다. [8] 여호와께서 사단에게 이르시되, 네가 내 종 욥을 유의하여 보았느냐. 그와 같이 순전하고 정직하여 하나님을 경외하며 악에서 떠난 자가 세상에 없느니라. [9] 사단이 여호와께 대답하여 가로되, 욥이 어찌 까닭 없이 하나님을 경외하리이까. [10] 그와 그 집과 그 모든 소유물을 산울로 두르심이 아니니이까. 주께서 그 손으로 하는 바를 복되게 하사 그 소유물로 땅에 널리게 하셨음이니이다. [11] 이제 주의 손을 펴서 그의 모든 소유물을 치소서 그리하시면 정녕 대면하여 주를 욕하리이다. [12] 여호와께서 사단에게 이르시되, 내가 그의 소유물을 다 네 손에 붙이노라. 오직 그의 몸에는 네 손을 대지 말지니라. 사단이 곧 여호와 앞에서 물러가니라.

　　[13] 하루는 욥의 자녀들이 그 맏형의 집에서 식물을 먹

으며 포도주를 마실 때에 [14] 사자가 욥에게 와서 고하되 소는 밭을 갈고 나귀는 그 곁에서 풀을 먹는데 [15] 스바 사람이 갑자기 이르러 그것들을 빼앗고 칼로 종을 죽였나이다. 나만 홀로 피한고로 주인께 고하러 왔나이다. [16] 그가 아직 말할 때에 또 한 사람이 와서 고하되 하나님의 불이 하늘에서 내려와서 양과 종을 살라버렸나이다. 나만 홀로 피한고로 주인께 고하러 왔나이다. [17] 그가 아직 말할 때에 또 한 사람이 와서 고하되 갈대아 사람이 세 떼를 지어 갑자기 약대에게 달려들어 그것을 빼앗으며 칼로 종을 죽였나이다. 나만 홀로 피한고로 주인께 고하러 왔나이다. [18] 그가 아직 말할 때에 또 한 사람이 와서 고하되 주인의 자녀들이 그 맏형의 집에서 식물을 먹으며 포도주를 마시더니 [19] 거친 들에서 대풍이 와서 집 네 모퉁이를 치매 그 소년들 위에 무너지므로 그들이 죽었나이다. 나만 홀로 피한고로 주인께 고하러 왔나이다 한지라. [20] 욥이 일어나 겉옷을 찢고 머리털을 밀고 땅에 엎드려 경배하며 [21] 가로되 내가 모태에서 적신이 나왔사온즉 또한 적신이 그리로 돌아가올지라 주신 자도 여호와시오, 취하신 자도 여호와시오니 여호와의 이름이 찬송을 받으실지니이다. 하고 [22] 이 모든 일에 욥이 범죄하지 아니하고 하나님을 향하여 어리석게 원망하지 아니하니라.

- 욥기 1장

(나)

　　백이와 숙제는 고죽군의 아들들이다. 아버지 고죽군은 숙제를 후계자로 세우려고 하였으나, 숙제는 형인 백이에게 그 자리를 양보하였다. 그러나 백이는 '그것은 아버지의 명령'이라며 사양하고 도망가 버렸다. 그러자 숙제도 도망쳐 버렸다.

　　그 후 백이와 숙제는 주(周)나라의 문왕(文王)이 노인을 잘 대우한다는 말을 듣고 귀의하려고 찾아갔다. 주나라에 이르니 마침 문왕은 죽고, 그 뒤를 이어 즉위한 아들 무왕이 나무로 만든 문왕의 신주(神主)를 수레에 싣고 은(殷)나라의 주(紂) 임금을 정벌하러 가는 중이었다. 백이와 숙제는 그의 말고삐를 잡고 간언하였다.

　　"아버지가 돌아가셨는데 장사를 지내지 않고 곧장 군사를 일으키는 것을 효라고 할 수 있겠습니까? 또 신하가 주인 격인 은나라를 치는 것을 인(仁)이라 할 수 있겠습니까?"

　　무왕의 좌우에 있던 사람들이 그들을 해치려 하자, 태공망이라는 사람이 "이들은 의인(義人)이다"라고 하며 무사히 떠나게 하였다. 무왕이 은나라를 정벌하자 천하는 무왕의 주(周)나라를 종주(宗主)로 받들었다. 그러나 백이와 숙제는 그것을 부끄러이 여기고 의(義)를 지켜 주(周)나라 땅에서 나는 곡식을 먹지 않고, 수양산에 숨어서 고사리만 캐먹다가 마침내 굶어죽고 말았다.

　　백이와 숙제 같은 사람은 정말 선인(善人)이라고 할 수 있지 않겠는가? 이처럼 인(仁)을 쌓고 깨끗한 행동을 하였는데 굶어죽고 말다니!

공자는 70명의 제자 중에서 안회(顔回)만이 배우기를 좋아한다고 추켜세우지 않았던가? 그러나 안회는 굶기가 일쑤였고 술지게미조차 배불리 먹지 못한 채 젊은 나이에 죽고 말았다. 하늘이 착한 사람에게 보답하여 베푸는 것이 어찌 이럴 수가 있는가? 반면 도척(盜蹠)은 매일같이 죄 없는 사람을 죽이고 사람의 고기를 먹었으며, 흉포한 행동을 제멋대로 하면서 수천의 무리를 모아 천하를 횡행하였지만, 결국 천수를 다 누렸다. 그가 무슨 덕(德)을 쌓았기 때문이란 말인가? 또한 근세에도 법도에 어긋난 행동을 하고, 하지 말아야 할 것만 골라서 하면서도, 일생을 편안히 살 뿐 아니라 대대로 부귀를 누리는 자들이 있다. 반면 땅을 가려서 밟고, 때가 되어야 말을 하며, 사잇길을 가지 않고 공정한 일이 아니면 행하지 않음에도 불구하고, 재앙을 만나는 사람이 이루 헤아릴 수 없이 많다. 나는 심히 당혹함을 금치 못하겠다. 도대체 이른바 천도(天道)라는 것은 옳은 것인가 그른 것인가?

— 사마천 〈史記〉

**〈문제〉** 제시문 (가), (나)를 읽고, 의인이 고통받는 현실에 대한 자신의 생각을 논술하시오.

**다락원 논술노트 005**

# 구약 성서

**펴낸이** 정효섭
**펴낸곳** (주)다락원

**초판 1쇄 인쇄** 2006년 11월 10일
**초판 1쇄 발행** 2006년 11월 15일

**책임편집** 안창열, 김지영
**디자인** 손혜정, 박은진
**번역** 이영직
**삽화** 손창복

**다락원** 경기도 파주시 교하읍 문발리 509-1
Tel:(02)736-2031  Fax:(02)732-2037
(내용문의: 내선 520/구입문의: 내선 113~114)
출판등록 1977년 9월 16일 제300-1977-23호

Copyright © 2006, 다락원



값 8,500원

ISBN  89-5995-120-X  43740
      978-89-5995-120-8  43740

## 패턴 따라 쉽게 쓰는 틴틴 영어일기 1, 2

❶ 일상생활 패턴정복
❷ 학교생활 패턴정복

중학교에 다니는 여학생과 남학생이 각각 일상생활과 학교생활을 중심으로 1년간의 일을 쉽고 재미있게 쓴 영어일기. 중학생이라면 누구나 한번쯤 겪어봤을 만한 일들을 바탕으로 한 다양한 일기 소재와 어휘가 제공되어 있기 때문에, 영어일기를 통해 영작을 연습하려는 학습자에게 큰 도움이 될 수 있는 교재이다. 중·고생뿐만 아니라, 중학 영어를 미리 예습하려는 예비 중학생들에게도 아주 효과적인 영어 학습서로 강추!

□ 정미선 지음 / 4·6배 변형 / 192면
□ 정가 10,000원 (오디오 CD 1개 포함)

## Teen Teen Diary (전3권)

❶ 매일 10단어로 뚝딱 중학생 영어일기

중1 수준의 어휘와 문장으로, 영어일기와 일상회화에 대한 감각을 익힌다.

□ 정미선 지음 / 신국판 / 144면
□ 정가 7,500원 (테이프 1개 포함)

❷ 매일 5문장으로 술술 중학생 영어일기

중2 수준의 어휘와 문장으로, 영어일기에 친숙해지고 자신감을 쌓는다.

□ 정미선 지음 / 신국판 / 152면
□ 정가 7,500원 (테이프 1개 포함)

❸ 매일 내맘대로 쓱싹 중학생 영어일기

중3 수준의 어휘와 문장으로, 중학영어를 마스터하고 미국의 일상회화에 익숙해진다.

□ 정미선 지음 / 신국판 / 144면
□ 정가 7,500원 (테이프 1개 포함)

## 지니의 미국생활 영어일기 Hello! America (전2권)

❶ 가을학기  ❷ 봄학기

어느 한국 여학생의 미국생활 이야기를 일기 형식으로 담은 책. 1권은 '가을학기', 2권은 '봄학기'편으로, 총 1년간의 미국 학교생활 및 일상생활에 관한 흥미로운 이야기들이 담겨 있다. 미국 학생들의 실생활을 바탕으로 한 탄탄한 스토리로 살아 있는 현지 영어와 미국문화를 체험할 수 있을 뿐만 아니라, 영어 독해 및 영작 연습을 할 수 있는 아주 유용한 교재이다.

□ 이지현 지음 / 국배판 변형 / 152면
□ 정가 8,500원

〈행복한 명작 읽기〉는 기초가 약한 영어 초급자나 초, 중, 고 학생들이 보다 즐겁고 효과적으로 명작들을 읽으며 독해력을 키울 수 있도록 개발된 독해력 증강 프로그램입니다.

## 책의 특징

1 골라 읽는 재미가 있다. 초보자를 위한 350단어 수준에서 중고급자를 위한 1,000단어 수준까지 5단계 구성.

2 단계별로 효과적인 영어 읽기 요령과 영문 고유의 참맛을 느낄 수 있는 장치가 곳곳에.

3 읽기만 해도 영어의 키가 쑥쑥 – 해석을 돕는 돼지꼬리(↶), 영어표현 및 문법 설명, 퀴즈가 왕창.

4 체계적인 듣기 학습까지. 전문 미국 성우들의 생동감 넘치는 원음을 담은 오디오 CD 제공.

## 왕초보 기초다지기

실력에 맞게 효과적으로 끊어 읽으며 직독직해 훈련을 한다.

### Grade 1 — Beginner (350 words)

1 미녀와 야수
2 인어공주
3 크리스마스 이야기
4 성냥팔이 소녀 외
5 성경 이야기 1
6 신데렐라
7 정글북
8 하이디
9 아라비안 나이트
10 톰 아저씨의 오두막

### Grade 2 — Elementary (450 words)

11 이솝 이야기
12 큰 바위 얼굴
13 빨간머리 앤
14 플랜더스의 개
15 키다리 아저씨
16 성경 이야기 2
17 피터팬
18 행복한 왕자 외
19 몽테크리스토 백작
20 별 | 마지막 수업

국판 | **Grade 1, 2, 3** 각권 6,000원
(오디오 CD 1개 포함)

**Grade 4, 5** 각권 7,000원
(오디오 CD 1개 포함)

*어린왕자 8,000원
(오디오 CD 2개 포함)

**고도를 기다리며 9,000원
(오디오 CD 2개 포함)

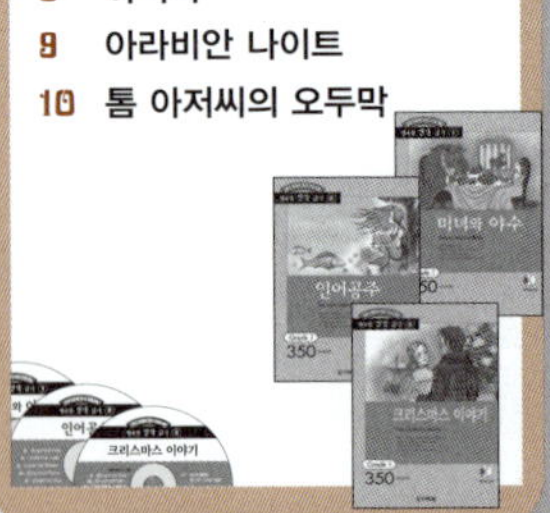
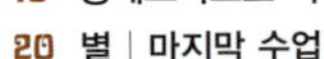
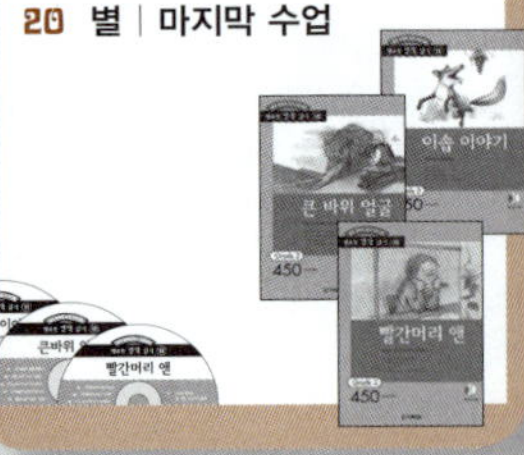

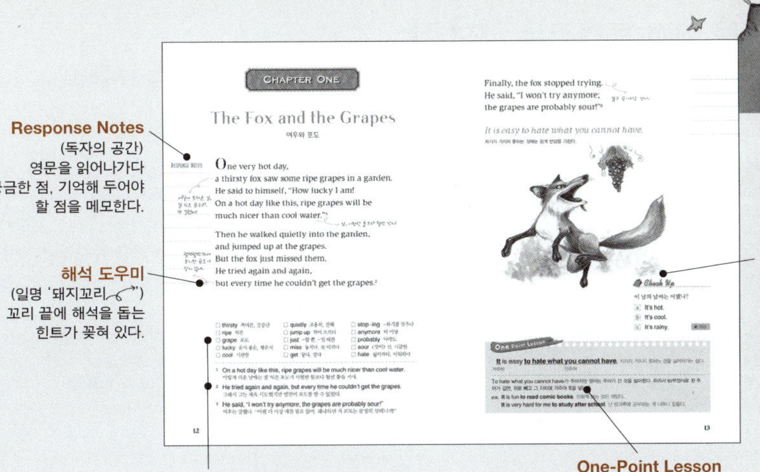

**Response Notes**
(독자의 공간)
영문을 읽어나가다
궁금한 점, 기억해 두어야
할 점을 메모한다.

**해석 도우미**
(일명 '돼지꼬리')
꼬리 끝에 해석을 돕는
힌트가 꽂혀 있다.

주요 어휘 및 문장 해석

**Check-Up**
내용 파악이
잘 되었는지 확인.

**One-Point Lesson**
주요 문법사항이나 표현에
대한 심층 분석 코너.

## 실력 굳히기

실력에 맞게 효과적으로 끊어 읽으며 직독직해 훈련을 한다.

## 영어의 맛 제대로 느끼기

영문판 원서 도전을 위한
전 단계의 준비과정이다.

### Grade 3 — Pre-intermediate — 600 words

21 톨스토이 단편선
22 크리스마스 캐럴
23 비밀의 화원
24 헬렌 켈러, 나의 이야기
25 베니스의 상인
26 오즈의 마법사
27 이상한 나라의 앨리스
28 로빈 후드
29 80일 간의 세계 일주
30 작은 아씨들

### Grade 4 — intermediate — 800 words

31 오페라 이야기
32 오페라의 유령
33 어린 왕자*
34 돈키호테
35 안네의 일기
36 고도를 기다리며**
37 투명인간
38 오 헨리 단편선
39 레 미제라블
40 그리스 로마 신화

### Grade 5 — Upper-intermediate — 1000 words

41 센스 앤 센서빌리티
42 노인과 바다
43 위대한 유산
44 셜록 홈즈 베스트
45 포 단편선
46 드라큘라
47 로미오와 줄리엣
48 주홍글씨
49 안나 카레니나
50 나에겐 꿈이 있습니다
　　−명연설문 모음

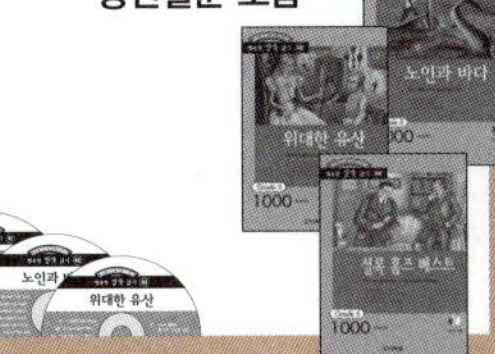